DESTINO ÍMPAR
Sobre a formação de Florestan Fernandes

Universidade de São Paulo
Reitor: Prof. Dr. Adolpho José Melfi
Vice-Reitor: Prof. Dr. Hélio Nogueira da Cruz

Faculdade de Filosofia, Letras e Ciências Humanas
Diretor: Prof. Dr. Francis Henrik Aubert
Vice-Diretor: Prof. Dr. Renato da Silva Queiroz

Departamento de Sociologia
Chefe: Prof. Dr. Lísias Nogueira Negrão
Suplente de Chefia: Profa. Dra. Heloísa Helena Teixeira de Souza Martins

Coordenação do Curso de Pós-Graduação em Sociologia
Coordenador: Prof. Dr. Sedi Hirano
Vice-Coordenador: Profa. Dra. Maria Helena Oliva Augusto
Secretaria do Curso: Isabel do Céu C. Matias,
José Clóvis de Medeiros Lima e Irany Terezinha Placedino Emídio

Agradecimento
O autor e o Curso de Pós-Graduação em Sociologia do Departamento de Sociologia da Universidade de São Paulo agradecem à CAPES — Coordenação de Aperfeiçoamento de Pessoal de Nível Superior — os recursos que viabilizaram a co-edição deste livro.

Sylvia Gemignani Garcia

DESTINO ÍMPAR
Sobre a formação de Florestan Fernandes

Curso de Pós-Graduação em Sociologia
Universidade de São Paulo

editora■34

EDITORA 34

Editora 34 Ltda.
Rua Hungria, 592 Jardim Europa CEP 01455-000
São Paulo - SP Brasil Tel/Fax (11) 3816-6777 editora34@uol.com.br

Curso de Pós-Graduação em Sociologia
Departamento de Sociologia da Faculdade de Filosofia, Letras e
Ciências Humanas da Universidade de São Paulo
Av. Prof. Luciano Gualberto, 315 Cid. Universitária CEP 05508-900
São Paulo - SP Brasil Tel. (11) 3091-3724 Fax (11) 3091-4505

Copyright © Editora 34 Ltda., 2002
Destino ímpar © Sylvia Gemignani Garcia, 2002

A FOTOCÓPIA DE QUALQUER FOLHA DESTE LIVRO É ILEGAL, E CONFIGURA UMA
APROPRIAÇÃO INDEVIDA DOS DIREITOS INTELECTUAIS E PATRIMONIAIS DO AUTOR.

As fotografias reproduzidas neste livro pertencem ao arquivo pessoal
de Florestan Fernandes. A imagem da capa mostra Florestan por
ocasião de sua viagem ao Paraguai, em 1943. A Editora 34 e a autora
agradecem especialmente a Vladimir Sacchetta pela cessão do material.

Capa, projeto gráfico e editoração eletrônica:
Bracher & Malta Produção Gráfica

Revisão:
Isabella Marcatti

1ª Edição - 2002

Catalogação na Fonte do Departamento Nacional do Livro
(Fundação Biblioteca Nacional, RJ, Brasil)

G543d
Garcia, Sylvia Gemignani
　　　Destino ímpar: sobre a formação de Florestan
Fernandes / Sylvia Gemignani Garcia. — São Paulo: USP,
Curso de Pós-Graduação em Sociologia: Ed. 34, 2002.
192 p.

ISBN 85-7326-235-4

Inclui bibliografia.

　　　1. Fernandes, Florestan, 1920-1995. 2. Ciências
sociais - Brasil. I. Universidade de São Paulo. Curso de
Pós-Graduação em Sociologia. II. Título.

CDD - 300

DESTINO ÍMPAR
Sobre a formação de Florestan Fernandes

Agradecimentos	7
Introdução	9
1. Os sentidos da 'formação'	13
2. A infância em São Paulo	29
3. Modernidade na metrópole	35
4. A ruptura da condição subalterna	59
5. Na Faculdade de Filosofia	71
5.1. Um campo autônomo	71
5.2. Formar a ciência	108
5.3. Formar cientistas	136
6. Epílogo	163
Bibliografia	175

Anexo
Cronologia das principais publicações de
Florestan Fernandes nos decênios de 1940 e 50 183

AGRADECIMENTOS

Esta breve história de vida, concentrada no 'período de formação' de Florestan Fernandes, corresponde a um primeiro movimento de aproximação de um tema bastante denso como a vida e a obra do consagrado sociólogo paulista. Em sua primeira versão, este texto compôs parte de uma tese acadêmica sobre a concepção de sociologia científica de Florestan Fernandes, tal como se manifesta em seus trabalhos sociológicos dos decênios de 40 e 50, demarcados como o primeiro período de sua experiência universitária em São Paulo. Pensando, inicialmente, em um trabalho preparatório para o grande desafio de entender e interpretar certa parcela de sua obra sociológica, detive-me em um conjunto de depoimentos autobiográficos produzidos por Florestan a partir dos anos 70. Mas o material mostrou uma riqueza tão grande, capaz de revelar várias facetas da experiência social, cultural e política da São Paulo de meados do século XX e das tantas vezes extraordinárias vivências de Florestan Fernandes na cidade, que acabei envolvendo-me intensamente com ele. Esta história de vida é fruto dessa aproximação e desse envolvimento.

Vários colegas da Faculdade de Filosofia, Letras e Ciências Humanas da USP estimularam e apoiaram meu trabalho de diferentes maneiras e a todos sou extremamente grata. Limito-me aqui a expressar meu reconhecimento a um pequeno grupo de mestres e amigos que contribuíram de modo fundamental para que este trabalho chegasse a termo. A Paulo Silveira, professor do inesquecível primeiro ano de graduação em ciências sociais, sob cuja orientação fiz minhas primeiras leituras de Florestan Fernandes.

A Brasílio Sallum Jr., pelos muitos anos de orientação profissional e acadêmica, exercida com admirável tolerância intelectual, e a Maria Arminda do Nascimento Arruda, orientadora compreensiva e firme, pelo suporte e reconhecimento essenciais. A Irene Cardoso, referência indispensável para todos os que se interessam pela questão da universidade e da educação na modernidade contemporânea, pela valiosa interlocução. Ao coordenador do programa de pós-graduação em Sociologia, Sedi Hirano, que, com sua notável capacidade de incentivar os colegas, é o principal responsável por esta publicação. Por meio do Prof. Sedi, expresso meu reconhecimento institucional ao Departamento de Sociologia da Faculdade de Filosofia, Letras e Ciências Humanas da USP. Agradeço ainda a leitura de Silvana Afram e o apoio imprescindível de Teresa Pereira dos Santos, Marina MacRae e Pablo Rubén Mariconda. Finalmente, quero agradecer aos meus alunos do curso de ciências sociais, em especial, àqueles que com entusiasmo, interesse, dúvidas e hesitações iniciam-se nas pesquisas sobre educação e sobre a experiência universitária em São Paulo. A eles, e ao que serão capazes de fazer, e à memória de Florestan Fernandes, por tudo que nos legou, dedico este trabalho.

São Paulo, dezembro de 2001

INTRODUÇÃO

Florestan Fernandes tem reconhecidamente um papel central na institucionalização da sociologia como disciplina acadêmica e na conformação de um padrão de atuação intelectual dos cientistas sociais no Brasil. Sua obra sociológica marca a história da configuração de um campo especializado de estudos, a história da integração do pensamento sociológico ao sistema sociocultural brasileiro e a história das relações entre ciência e sociedade no Brasil moderno.

A trajetória intelectual de Florestan Fernandes, ao longo de mais de cinqüenta anos de atuação acadêmica e política, apresenta, logo à primeira visada, um evidente ponto de inflexão ao final do decênio de 60, quando o já então consagrado sociólogo paulista é compulsoriamente desligado da Universidade de São Paulo por meio dos instrumentos de cassação intensamente utilizados pela ditadura militar contra políticos e intelectuais após o AI-5 de 1968. Expulso da instituição que foi o centro de sua vida por quase trinta anos, Florestan vive uma profunda crise pessoal e política que sugere, com certa pertinência, que se considere retrospectivamente sua produção intelectual a partir de uma grande divisão entre uma primeira fase acadêmica e uma segunda fase política. Bárbara Freytag explicitou a classificação, designando a primeira fase de "acadêmico-reformista" e a segunda de "político-revolucionária".[1] De modo geral, a divisão identifica o "primeiro Florestan"

---

[1] Freytag, 1987, p. 165.

à ortodoxia cientificista, à institucionalização acadêmica da sociologia e ao reformismo alinhado às concepções sociais e políticas do pensamento liberal. Diversamente, o Florestan "maduro" define-se pela ruptura com a concepção racionalista da neutralidade da ciência, pela crítica aos padrões contemporâneos de profissionalização e institucionalização das ciências sociais e pelo radicalismo político, orientado para a revolução socialista.

Durante uns poucos decênios de análise, os especialistas das ciências sociais no Brasil estudaram a obra de Florestan Fernandes, interpretaram, adotaram, debateram e criticaram suas idéias, enfocando-as de diversas perspectivas, movidos por diferentes preocupações e investigando problemas variados. De fato, a obra de Florestan abre um leque de numerosas possibilidades de interrogação, que está muito longe de ter sido esgotado. Por isso, as diversas perspectivas de análise do pensamento sociológico e da atuação intelectual de Florestan dependem, em primeiro lugar, da riqueza de sua obra, mas também resultam diretamente dos próprios desenvolvimentos contemporâneos do pensamento sociológico.

É claro que o primeiro tipo de interpretação que se desenvolveu sobre Florestan Fernandes tomou a forma de tentativas de sistematização de sua obra e, especialmente, de sua teoria da sociedade brasileira. Buscando identificar as características fundamentais de seu pensamento, os intérpretes, nesse tipo de texto, tendem a concentrar-se nas obras maduras da chamada "fase política" e, principalmente, em *A revolução burguesa no Brasil*.[2] A produção sobre Florestan ganha outro ímpeto pelas mãos de seus críticos, pesquisadores da história do pensamento social no Brasil que analisam criticamente os fundamentos de seu padrão sociológico acadêmico e as implicações de sua hegemonia na sociologia brasileira para a história da disciplina e da reflexão social e política no Brasil. Debatendo o seu modelo de ciência, filiado ao

---

[2] Ver, em especial, Cohn, 1986 e 1987, Silveira, 1987, Ianni, 1989, Arruda, 1996, Paiva, 1991 e 1997 e Cardoso, M., 1995, 1996 e 1997.

racionalismo indutivista, essa crítica concentra-se no desvelamento dos pressupostos de sua perspectiva sociológica, de suas abordagens, métodos e categorias.[3] A mais recente e também muito fértil linha de investigação sobre Florestan é aquela desenvolvida no âmbito da história das ciências sociais no Brasil que explora, em diferentes vertentes, o enfoque sociológico de análise das práticas científicas e intelectuais como sistema de ação social.[4]

O estágio atual do conhecimento produzido por essas diferentes linhas de investigação da história da sociologia no Brasil abre espaço para o estudo do "jovem Florestan", ainda o menos conhecido de todos os momentos de um percurso que foi simultaneamente singular, do ponto de vista pessoal, e modelar, da ótica da história da implantação de um padrão acadêmico de prática sociológica no Brasil. Essas considerações iniciais delimitam a idéia de um estudo exploratório acerca da formação da concepção de ciência em Florestan Fernandes, pautado pela interrogação acerca dos condicionantes psicossociais, culturais e políticos de sua adesão ao racionalismo, por intermédio de sua história de vida, organizada a partir de uma documentação muito específica, composta de depoimentos e entrevistas produzidos por Florestan entre a segunda metade dos anos 70 e o decênio de 90.

---

[3] Ver, principalmente, Santos, 1967, 1970 e 1978 e também Maggie, 1993 e Oliveira, L., 1995.

[4] Ver, principalmente, Miceli (org.), 1989 e 1995 e também Oliveira, R., 1988.

Florestan Fernandes (terceiro da esquerda para a direita) com colegas dos exames de madureza prestados em São João da Boa Vista (SP).

1.
OS SENTIDOS DA 'FORMAÇÃO'

Seguindo de perto as diretrizes fornecidas pela documentação, e de acordo com o enfoque característico da história de vida, reconstruo a 'formação' de Florestan a partir de sua experiência como menino pobre na São Paulo dos anos 20 e 30. Voltarei a tratar do marco inicial adiante, com base nos próprios depoimentos de Florestan sobre os significados de sua experiência social na infância e na juventude. Quanto ao marco final do que considero o 'período de formação', localizo-o no ano de 1953, entendido como o momento em que Florestan atinge a maturidade profissional ou institucional e a maturidade intelectual. De fato, em 1953, ele defende sua tese de livre-docência, alçando-se aos níveis superiores da hierarquia da carreira acadêmica. Em seguida, passa a dirigir um programa de pesquisa no âmbito da cadeira de sociologia I. Entre 1953 e 1954, portanto, Florestan chega à maturidade enquanto sociólogo academicamente consagrado, atuando como diretor de pesquisa, chefe de equipe e formador de discípulos. Do mesmo ano data a conferência sobre a crise da democracia no Brasil, pronunciada no Instituto Brasileiro de Economia, Sociologia e Política, vinculado ao governo federal. Em meu entender, a conferência marca o início de um novo período do trajeto de Florestan no momento em que ocorre um desdobramento de sua prática como sociólogo, pelo qual ele passa a intervir, direta e intensamente, no debate dos problemas políticos nacionais mediante a crítica racional, atuando plenamente como um intelectual moderno.

O sentido de intelectual moderno que adoto aqui pode ser sucintamente exposto a partir das concisas definições de Pierre Bourdieu em um pequeno texto no qual o sociólogo francês sustenta que a clássica oposição entre cultura pura e engajamento é uma falsa idéia que o intelectual tem de si mesmo. Segundo Bourdieu, os intelectuais são seres bi-dimensionais; por um lado, produtores culturais, por outro, líderes morais e políticos. Para ser um intelectual, portanto, é preciso preencher uma dupla condição: primeira, pertencer a um campo autônomo e seguir suas leis; e segunda, atuar na política externa com base na autoridade adquirida no campo específico. O intelectual moderno, enquanto um ser paradoxal, caracteriza-se por uma expansão simultânea, assim equacionada por Bourdieu: quanto maior a especificidade do campo, maior a independência de seus membros dos interesses mundanos, maior a inclinação para afirmar a autonomia criticando os poderes estabelecidos e maior a eficácia simbólica da posição política que toma. Essa figuração instavelmente sintética é um produto histórico que surge no final do século XIX. Recuperando a gênese recalcada da emergência do intelectual moderno na França, Bourdieu descreve uma história que pendula entre a participação social e a defesa da autonomia do campo. Segundo ele, trata-se de um mesmo desejo de emancipação que se manifesta em instâncias opostas conforme a estrutura e a história dos poderes contra os quais tal desejo se contrapõe em diferentes lugares e momentos. A história de sua emergência na França é contada por Bourdieu em cinco momentos até a conquista de um alto grau de autonomia dos campos da ciência, da arte e da literatura no fim do século XIX. A independência adquirida gesta um novo modo de intervenção política que Bourdieu designa 'política da pureza',[5] exemplarmente representada pelo "*J'accuse*" de Émile Zola em defesa de Richard Dreyfus, o 'traidor' da pátria francesa. Intervindo como intelectual e produtor cultural, o intelectual não se limita mais a defender a existência de seu campo autônomo, regido por valores próprios, mas passa a propor a extensão desses valores para orientar a vida social, política e ética da colétivida-

---

[5] Bourdieu, 1989, p. 101.

de. Com base em uma autoridade conquistada em função de uma competência específica, ele transgride os valores mais sagrados da sociedade, como o nacionalismo e o patriotismo, orientado pelos valores anti-sociais do campo da cultura.

Nessa perspectiva, a razão é um produto histórico que "precisa ser continuamente reproduzido por esforços históricos que garantam as *condições sociais de possibilidade do pensamento racional*, contra a ilusão transcendental que tende a confinar as estruturas da razão na consciência ou na linguagem".[6] A autonomia dos campos de produção intelectual é, portanto, fruto da invenção histórica de um contrapoder crítico dos poderes religiosos, políticos e econômicos. Tendo por lei fundamental a rejeição dos objetivos e dos valores da economia e da política — a riqueza e o poder —, o microcosmo científico funciona por um tipo de troca específico que define a forma da competição por argumento, demonstração e raciocínio tendo em vista a busca da razão e da verdade. A base da política antipolítica do intelectual moderno é o universalismo de seu campo específico, fonte de sua liderança moral e eventualmente política que propõe a ampliação dos valores desse campo particular para toda a sociedade. Nesse tipo de mobilização, a atuação intelectual associa a busca da universalidade com a luta pela universalização das condições privilegiadas de existência nos campos autônomos. Essa luta pela universalização dos privilégios e pela racionalização da vida social, política e ética é, portanto, luta pela manutenção e desenvolvimento da autonomia de seu campo específico, já que em defesa das condições sociais de desenvolvimento de uma ciência livre.[7]

Veremos que essa forma de entender a história intelectual moderna adequa-se bastante bem a certos sentidos produzidos pela

---

[6] Idem, ibidem, p. 103. Destaque no original.

[7] As condições sociais que tornam possível uma ciência livre "pressupõem, por exemplo, a abolição da dominação de uma nação sobre outra e no interior de cada nação particular" (idem, ibidem, p. 104).

experiência universitária paulista em seus primeiros decênios, significativamente designados pelos intérpretes atuais como o "período carismático" da intelectualidade universitária em São Paulo. Incorporando essa perspectiva, a história da 'formação' de Florestan Fernandes possibilita uma compreensão abrangente de sua posição no campo da institucionalização científica no Brasil, permitindo entrever, inclusive, o sentido político específico de seu pensamento e de sua atuação acadêmica no período inicial de seu percurso intelectual, justamente aquele que tende a ser identificado como o primeiro momento da fase cientificista em oposição à fase da 'sociologia crítica e militante'.

Retomo agora a definição do marco inicial do 'período de formação' por meio do trato direto com a documentação. É somente na segunda metade dos anos 70 que Florestan cede ao depoimento autobiográfico, "graças a alguns colegas e amigos da Faculdade de Filosofia, Ciências e Letras de Assis e a certas discussões com Carlos Guilherme Mota"[8] que o convencem a dar *a sua versão* da própria trajetória. Até então, Florestan esquivara-se desse tipo de solicitação. Dez anos antes, em 1967, ele respondia ao pedido de dados biográficos da estudante Bárbara Freytag, que preparava uma tese sobre sua obra, nos seguintes termos: "Quanto aos dados biográficos, não sei o que dizer. (...) Seria melhor, no caso de precisar alguma informação, de pedi-las especificamente. Nasci em 22/7/1920; sou casado; tenho 6 filhos e uma neta; quanto aos livros, as teses e os diplomas, já mandei dados a você. Se tiver ocasião (...) procurarei atualizar um *curriculum* meu."[9] Envolvido na efervescência universitária da politizada década de 60, não poderia passar pela sua cabeça falar da infância, da juventude e da experiência acadêmica tal como o faz no conjunto de depoimentos que acabou por produzir posteriormente, nos quais, entretanto, não há quase nada sobre a vida adulta familiar.

---

[8] Fernandes, 1977, p. 140.

[9] Idem, 1996, p. 137.

Esse material está publicado com os seguintes títulos: *A sociologia no Brasil* (1977), *A condição de sociólogo* (1978a), *Florestan Fernandes, história e histórias* (1995a), *A contestação necessária* (1995b) e *Florestan Fernandes por ele mesmo* (1996). Todos são utilizados aqui como documentação básica para a montagem da história de vida de Florestan Fernandes. Certamente a análise sociológica está sempre presente, porém, esse conjunto de textos distingue-se pela perspectiva pessoal da abordagem. Florestan retoma a própria biografia, levanta questões, expõe razões, dúvidas e frustrações, interpretando o próprio projeto, a própria trajetória e a própria posição no mundo. Com extrema sensibilidade humana e sociológica, Florestan faz a própria história de vida, oferecendo-se como um informante excepcional. Porque fala demais, afirma e hesita, ele expõe ambigüidades que revelam dilemas sociais, que confrontam desejo e história pessoal e limites e possibilidades socialmente estabelecidos.

Com exceção de algumas cartas pessoais a Bárbara Freytag, os depoimentos, entrevistas e artigos de balanço são todos posteriores à crise intelectual de 1969 e tratam dos significados de sua experiência acadêmica e de seu trabalho sociológico. Nesse momento, contra a tradição da "tendência intelectualista" de identificar os "anos de formação" com "os anos de socialização acadêmica", ele afirma: "Eu nunca teria sido o sociólogo em que me converti sem o meu passado e a socialização pré e extra-escolar que recebi, através das duras lições da vida. Para o bem e para o mal — sem invocar-se a questão do *ressentimento*, que a crítica conservadora lançou contra mim — a minha formação acadêmica superpôs-se a uma formação humana que ela não conseguiu destorcer nem esterilizar. Portanto, (...) afirmo que iniciei a minha *aprendizagem* 'sociológica' aos seis anos, quando precisei ganhar a vida como se fosse um adulto (...)."[10]

---

[10] Idem, 1977, p. 142.

Com a idéia de 'formação humana' contraposta à da 'formação acadêmica', Florestan aproxima-se do sentido de formação que se expressa no conceito de *Bildung*, tal como construído pela tradição do idealismo alemão. Em oposição ao ensino oficial institucionalizado, a *Bildung* refere-se a uma autoconstrução mental, psíquica e espiritual que exige independência e autonomia e se efetua como autodesenvolvimento ético do indivíduo. Ela pressupõe portanto, uma atuação emancipatória que não admite fins determinados exteriormente e, nesse sentido, distingue-se da educação, seja ela entendida como treinamento ou como erudição.[11] Na experiência de Fernandes, a idéia incorpora ainda um sentido específico, de ordem psicológica, devido à ausência da figura paterna e o desconhecimento sobre sua identidade, o que impõe prematuramente à criança o desafio da autoformação.

Certamente, a configuração social na base do conceito é, no caso da história de vida de Florestan, completamente diversa daquela dos intelectuais alemães de fins do século XVIII. Naquele cenário, atuam filhos bem educados da burguesia que dão expressão aos conflitos no interior da própria classe, projetando um modo de ser aristocrático ideal como referência da formação. Na cena paulista do início do século XX, o personagem principal tem origem nas camadas inferiores da sociedade, cujos membros são precariamente inseridos nas estruturas da organização social. É a partir desse lugar subalterno, socialmente desqualificado, que Florestan estabelecerá relações nas quais se combinam, de modos variados, o padrão tradicional de relação pessoal de proteção entre desiguais e o padrão moderno de reconhecimento objetivo de competências específicas, baseado na igualdade formal dos sujeitos. Ao longo de sua 'formação', que é simultaneamente o percurso de sua ascensão social, Florestan estará profundamente envolvido com esses dois tipos de relação, em arranjos muito específicos

---

[11] Cf. Bolle, 1997.

e complexos, próprios à configuração sociocultural da metrópole paulista na primeira metade do século passado.

A 'formação humana', forjada no enfrentamento das "duras lições da vida", imprime aos depoimentos de Florestan um tom por vezes constrangedor, facilmente perceptível aos leitores bem educados, mas não reconhecido desse modo pelo próprio autor. Mesmo instado por amigos a pensar bem no que fala, cuidando para não gerar mal-entendidos dando a impressão de ressentimento e revanchismo, ele produz um conjunto de "retratos sinceros" que tocam em pontos delicados da experiência sociocultural brasileira. Entre as várias faces da obstinada determinação de Florestan, esta possui uma teimosia que, bem considerada, pode revelar outros sentidos da "chatice histórica" dos acadêmicos paulistas.[12] Há, nele, certa espécie de "chatice social", menos no sentido de entediar e mais no de irritar e enervar o estabelecido. Florestan ocupa uma posição e adota uma postura socialmente incômodas. Diante de sua falta de traquejo social, experimenta-se certo constrangimento difuso como se alguém, derrotado, viesse a público 'chorar miséria'. Desprovido de tato social dominante, ele causa uma sensação desconfortável aos 'bem socializados', pela falta daquela dimensão da 'boa educação' da sociedade brasileira que assegura a discrição e a benevolência com a ordem social por parte de seus 'homens de bem'.

Esse aspecto do significado da postura do sociólogo paulista na sociedade nacional é claramente tematizado pelo estrangeiro Gérard Lebrun. Em sua fala no Congresso de Marília, nos anos

---

[12] Para a famosa imputação do epíteto de *chato boys* aos sociólogos paulistas por Oswald de Andrade em debate do início dos anos 40 com Antonio Candido, ver Souza, 1977 e Andrade, 1991. Como conta Antonio Candido muito tempo depois, também Mário de Andrade notou a seriedade exagerada dos acadêmicos uspianos, referindo-se, em 1941, à "maciça sensatez" dos paulistas a propósito da revista *Clima*, que definiu então como "a tradição desta sublime burrice lenta e grave dos Paulistas" (Souza, 1980, p. 161).

80, o ponto é "entender por que o 'Terceiro Mundo' (para usar essa expressão abstrata) interpela-nos com tanta força, e também com tanta precisão, através da voz de Florestan Fernandes"[13]. O tema é a crítica de Florestan à democracia formal no Brasil e sua investigação acerca das razões históricas da impossibilidade de alterar a repartição do poder social e político. Segundo Lebrun, "podemos contestar as teses de Florestan Fernandes: mas, honestamente, uma crítica que não se pode fazer a ele é que se contente com palavras". Diversamente dos que invocam "a democracia em abstrato, (...) o discurso que ele enuncia é inteiramente distinto, é menos sedutor e certas vezes até desagradável para a opinião superficialmente 'esclarecida'. — De qual democracia, exatamente, você está falando? pergunta ele" (p. 263). A propósito da discussão acerca dos limites da democracia burguesa, afirma o filósofo francês: "Conheci professores de esquerda que passaram rapidamente para a extrema-direita, desde que perceberam (ou acreditaram perceber) que as reivindicações dos insurretos de 1968 visavam subverter o sistema de distribuição do saber, que no fundo dizia mais ao seu coração do que as suas 'idéias políticas'. Em suma, é por isso que a radiografia de Florestan Fernandes incomoda: porque ela detecta o que é *inconfesso*" (p. 265). Pois, como mostra em sua investigação sobre a "produção e reprodução das dessimetrias sociais" na história nacional, a "desgraça brasileira" explica-se por uma "relação de forças que não foi significativamente modificada pela descolonização" (p. 268). A análise lúcida aconselha ao ceticismo acerca da capacidade da sociedade civil brasileira de reorganizar a repartição de poder própria a um modo de dominação que repõe na prática cotidiana a condição subalterna do passado colonizado. "Aos olhos de um observador estrangeiro", a leitura de Florestan "parece-me mais convincente do que muitos discursos emolientes e abstratos sobre o nascimento (ou renascimento) da *democracia* (...) porque (...) nos fecha to-

---

[13] Lebrun, 1987, p. 274.

das as escapatórias" mostrando "como a história tornou os desequilíbrios sociais (...) irreversíveis, no interior da 'ordem civil'." De fato, "como disfarçar a si mesmo a violência incessante, e cada vez menos subterrânea, que, desde sempre, faz esta 'ordem civil' funcionar? Este lençol de sombras, nosso olhar, por certo, tantas vezes prefere evitar" (p. 273).

O comentário, feito a propósito da análise de Florestan da questão da democracia, adequa-se bastante bem aos depoimentos e aos documentos, e às atitudes pessoais que revelam. A intimidade das cartas pessoais confirma a importância dessa face socialmente desajustada da personalidade de Florestan a que me refiro. Em 1º de dezembro de 1970, ele escreve para a "Minha querida amiga Bárbara" sobre a sua insatisfação em Toronto e a impossibilidade de voltar ao Brasil, onde a polícia o procurou em casa por duas vezes para prendê-lo. Além do quê, "de emprego que é bom nem ouço falar. Minhas cartas por enquanto (há quase três meses) estão aguardando resposta. Como diz o ditado brasileiro: *em tempo de murici, cada um cuida de si*".[14] Um ponto específico que aponta para a singularidade da posição de Florestan Fernandes em relação aos traços históricos mais comuns da intelectualidade brasileira é que as más notícias nacionais *não* o harmonizam com o mundo acadêmico internacional. Nada mais distante da perspectiva intelectual totalizante de Florestan do que equacionar a experiência da ruptura violenta de sua carreira acadêmica e de seu trabalho científico-político pela transformação da ordem capitalista em nome da racionalização das relações sociais e da emancipação humana em termos de um diagnóstico de tendência culturalista, contrapondo a visão negativista da situação nacional à consideração positiva das condições de vida e trabalho no circuito dos países centrais da civilização moderna. Com efeito, em outra carta de 1970 à "querida Bárbara", ele reflete: "(...) talvez tenha certas limitações incuráveis, que nascem de cicatrizes do

---

[14] Fernandes, 1996, p. 150.

passado. São as cicatrizes que me tornam um tanto relutante para aproveitar as vantagens que minha posição me proporciona (como o caso da dotação oferecida pela Fundação Volkswagen, com a qual vou fazer o mesmo que já fiz com ofertas análogas da Fundação Ford), e que percebo me levam a agir de forma irracional. Um paradoxo. Tentar ser 'racional' por vias irracionais. O que fala, porém, é o meu passado, tão vivo em minha consciência crítica (...). Mas, se não me livro do meu passado, não posso ser mais que uma aberração no mundo em que vivemos" (pp. 148-9).

Florestan estava imerso no que foi a maior crise de sua vida. Intelectualmente, ela atingiu, em especial, seu entendimento da função revolucionária da ciência, em geral, e da sociologia, em particular, no mundo moderno, colocando-o frente ao desafio de uma profunda rearticulação do quadro fundamental de referência de sua posição teórica e política e de sua atuação profissional. Nesse momento crítico de enfrentamento entre consciência e mundo, Florestan percebe um conflito essencial entre razão e utopia e o comentário atormentado revela que a distinção entre ideal e razão prática era uma das perspectivas que se apresentavam como possíveis soluções para a ressignificação de sua posição pessoal no mundo. Contudo, como ele argumenta consigo mesmo, em um movimento observável no trecho citado, a sua história de vida reduz o leque de opções, definindo a ética como a dimensão prioritária a orientar o posicionamento frente à crise, reafirmando a utopia da razão, que assim poderá permanecer intacta, e negando-se a identificar a racionalidade ao pragmatismo que orienta uma adaptação pessoal cotidiana às condições dadas de existência enquanto uma modalidade de ação racional e objetivamente fundamentada. Renunciando aos recursos privilegiados aos quais sua posição intelectual dá acesso, Florestan rejeita a ordem econômica das razões de uma forma extrema, colocando-se em franco desacordo com a sociedade e as oportunidades que ela lhe oferece nesse momento, em um ato de negação que o situa em uma posição que tende ao puro absurdo. Porém, trata-se de uma irracionalidade aparente: a conduta individual *aparece* como carente de sentido quando referida à racionalidade pragmática do mundo, porque resulta de uma extrema fidelidade a certa concepção totalizante da razão, que se nega a ajustar-se às condições do presente. O passado de *lumpen* reatualiza-se, os dois momentos surgem como essencialmente similares e a negação do estado dado de coisas que marcou sua infância e juventude reaparece como a única posição eticamente defensável ao sociólogo em crise aos 50 anos de idade, e ainda que às custas de seu sentido e de sua eficácia no quadro das condições e possibilidades objetivas do mundo em que ela se insere.

Outro ponto específico é que, com o passar dos anos, a posição não se altera. O tempo não trabalhou aqui no sentido da harmonização entre consciência e mundo, orientando um ajustamento gradativo de expectativas e valores pelo qual o sujeito reage adaptativamente às pressões sociais. Em 1977, escrevendo em New Haven, Florestan comenta o convite da Universidade de Yale para um contrato de três anos: "(...) Resolvi não aceitar. Acho que devo tentar a minha vida lá (no Brasil), como ela tem sido possível. Ao ler a segunda parte de *A sociologia no Brasil*, que já está circulando (recebi um exemplar aqui), verá que não tenho liberdade para agir de outra forma. Não posso dizer uma coisa e fazer outra. Seria muito fácil — o que não está no meu gênero. Além do mais, acho que o meu ciclo institucional está encerrado, não me atrai mais. O rato que escapuliu da ratoeira não volta a ela, mesmo que seja atraído pelo melhor queijo do mundo. Imagine um homem. Por que deveria?" (p. 162). E seis anos mais tarde, em 1983, escrevendo de São Paulo para a "Bárbara, querida" em Brasília, ele desabafa: "Lamento ser um homem desvalido — deliberadamente desvalido — pois me desinstitucionalizei voluntariamente. (...) Há rupturas e rupturas. A minha levou ao fundo do poço, onde fiquei isolado e sem os riscos de ser salvo por uma caravana de mercadores. A cisterna é boa e posso movimentar-me e sem os constrangimentos e as violações do encurralamento institucional. Voltei à condição de *lumpen*, de vagabundo, embora tenha mais dinheiro que em qualquer outra época de minha vida" (p. 169). O fundo do poço é uma imagem recorrente nos depoimentos de Fernandes. Como se verá adiante, ela é distintiva de sua caracterização da experiência da infância e da adolescência. Aqui, ela reaparece especialmente carregada de ambigüidade, signo do isolamento e do desajustamento social e, igualmente, da liberdade da crítica e da rejeição do estado dado de coisas. Alguns anos antes de entrar para a vida parlamentar, ele reafirma sua incapacidade de aceitar o que descreveu em 1971 como o "alto nível" das ciências sociais contemporâneas, com seus "modelos sofisticados e o vazio total que eles envolvem; uma ciência útil para quem comanda burocraticamente e pode pagar um 'preço funcional' pelas decisões impostas de cima para baixo" (p. 151).[15]

São escolhas socialmente muito difíceis, que se tornam ainda mais extraordinárias quando se considera a dedicação de Florestan à vida acadêmica e os enormes esforços que fez para formar-se e firmar-se intelectualmente. Singular pelo que fez e pelo que se recusou a fazer, anti-anti-herói brasileiro, certamente um chato, Florestan é alguém que não se pode deixar de admirar, mas por certo é mais difícil seguir seus passos na vida real. Adotando posições cuja integridade beira a ingenuidade para olhos acostumados à crueldade cotidiana, paladino da ética, o *chato man* brasileiro ameaça o pragmatismo *Real Politik* da cultura nacional. De onde vem essa capacidade transgressiva? Penso que de uma peculiar combinação, no indivíduo, de uma experiência social herdada com uma prática de descompromisso adotada que sustenta uma posição de autonomia em relação a dois espaços sociais distintos; autonomia que se afirma frente ao conformismo dos subalternos, de um lado, e ao dos privilegiados, de outro. Trata-se de um tipo de estratégia psicológica articulada, ao que parece, desde muito cedo,

---

[15] Para a análise de Fernandes do processo histórico de tecnização da ciência social sob o capitalismo monopolista ver 1980, em especial, capítulos 2, "A 'herança clássica' e o seu destino", e 3, "Sociologia e sociedade: os limites do capitalismo monopolista".

pela qual Florestan usa os valores modernos como antídoto contra o conformismo de seu grupo de origem e os valores tradicionais como mecanismo de controle pessoal da tendência ao total ajustamento, poderoso canto da sereia dos lugares socialmente privilegiados, especialmente para os que os conquistam por mérito pessoal. É este certamente o caso de Florestan, que foi "o um" que passou, realizando o caminho mítico do *self made man* na sociedade moderna, mas carregando, nesse trajeto, todas as marcas das contradições através das quais a possibilidade efetivamente realizou-se. Como ele afirma, a sua trajetória social transforma a história de sua família no Brasil em uma "história da imigração vista mitologicamente".[16] Um mito que obscurece a verdadeira história, feita "de desagregação familiar, de sacrifícios, de trabalho duro", vivida por uma multidão de anônimos. "Na verdade, para um milhão de pessoas que serviram de azeite para que esta máquina funcionasse há um que realiza um destino ímpar. Na minha família ninguém realizou um destino ímpar, se alguém realizou este destino ímpar fui eu" (p. 7). Do mesmo modo, referindo-se especificamente à sua classificação no exame para a Faculdade de Filosofia: "Seguindo a ótica atual, alguém poderia escrever: *o lumpen-proletariado chega à Universidade de São Paulo.* Todavia, não era o lumpen-proletariado que chegava lá; era eu, o filho de uma ex-lavadeira, que não diria para a cidade de São Paulo 'agora nós', como um célebre personagem de Balzac".[17]

Comentando o interesse sociológico de Florestan Fernandes pela história pessoal e, em especial, pelas personalidades transgressivas,[18] José de Souza Martins observa como a vida de Flo-

---

[16] Fernandes, 1995a, p. 7.

[17] Idem, 1978a, p. 154.

[18] Cf. Fernandes, 1995b; 1976a, capítulo 7, "A história de vida na investigação sociológica: a seleção dos sujeitos e suas implicações"; 1975, capítulo 3, "Tiago Marques Aipobureu: um bororo marginal"; 1972, capítulo 11, "Contribuição para o estudo de um líder carismático".

restan caracteriza-se, ela mesma, como uma biografia divergente que "contraria a história", revelando "desencontros entre personalidade e sociedade" que nos ensinam como situações sociais ambíguas atingem o indivíduo, gerando momentos críticos quando "o destino e a consciência se confrontam".[19] Analisando as investigações de Florestan acerca do jogo de mecanismos de reprodução e de possibilidades de recriação da ordem em situações "que propõem a ruptura", abrindo perspectivas de "redefinição da consciência e de ressocialização das pessoas" (p. 19), Martins expõe a concepção geral da sociologia que orienta tal linha de trabalho. A explanação é especialmente significativa. Trata-se da leitura de um discípulo direto de Florestan, em um texto claramente alinhado à ótica geral da sociologia de Florestan Fernandes que está descrevendo. Segundo Martins, a preocupação com a não-realização das potencialidades emancipatórias dos diferentes grupos sociais na história marca a tradição clássica da sociologia. Seja o projeto de emancipação concebido em termos da ordem, da racionalidade ou da superação das relações sociais de dominação de classe, a sociologia clássica que estuda os obstáculos à sua realização está "alicerçada num valor que preside o trabalho de todo cientista social: o primado de um destino de liberdade e justiça, de igualdade e alegria, para o gênero humano" (p. 18). É esse valor-primeiro que situa como problema fundamental da sociologia a investigação acerca dos obstáculos à emancipação, problema que está presente na reflexão de Durkheim sobre a anomia social, na investigação weberiana em torno do problema da irracionalidade e ainda no trabalho de Marx acerca da alienação. Na sociologia de Florestan Fernandes, esse valor-primeiro está na base de uma "identificação afetiva com os que sofrem o drama do desencontro" (p. 18) entre história pessoal e limites e possibilidades sociais. Em seu trabalho de pensamento, essa orientação clássica combina-se a uma "concepção da responsabilidade social e histórica da pes-

---

[19] Martins, 1996, p. 16.

soa" (p. 19) que, no caso do sociólogo, significa ainda "a responsabilidade da contrapartida dessa imersão no Outro" que caracteriza o seu ofício. Essa combinação localiza o objeto central da sociologia de Florestan no "desencontro do homem com sua obra", objeto que logicamente só se configura a partir da idéia do "reencontro do homem consigo mesmo, o enigma e desafio que deu origem à sociologia" (p. 19). A questão sociológica fundamental da definição e da redefinição das consciências articula-se, assim, ao projeto emancipador embutido na concepção clássica da sociologia que vincula o pressuposto da racionalidade do objeto ao ideal da plena racionalização da ordem social.

A exposição ilumina a fala de Florestan Fernandes, reproduzida anteriormente, sobre a sua ascensão social, na qual o orgulho pelo empreendimento pessoal mescla-se ao dimensionamento social da situação. Com altivez, ele afirma a própria realização, concretização do valor igualitário da livre competição nos moldes liberais, e, simultaneamente, aponta para a dimensão coletiva do acontecimento individual que revela a irracionalidade social — a desigualdade — obscurecida pelo trajeto solitário de ascensão. Enquanto conjunto de documentos de uma história de vida, as reconstruções de Florestan de sua experiência na São Paulo dos anos 20 e 30 e no ambiente acadêmico paulista desde 1941 falam de uma vivência social profundamente marcada pelas tensões entre dois modos de vida muito desiguais. Certamente impossível sem a inteligência, a vontade e a capacidade de trabalho extraordinárias do indivíduo, a excepcional biografia-trajetória de Florestan Fernandes também não seria possível não fossem os canais que se abriram para a ascensão com base no talento pessoal nos moldes da ordem social liberal na São Paulo da época. Mas, longe de apresentar uma trajetória linear de conquista de recursos econômicos e prestígio social do "engraxate que virou sociólogo", ela mostra uma experiência complexa, a um só tempo profundamente dilacerada e rigorosamente íntegra, de um menino pobre notável seduzido pelas promessas da modernidade paulistana. Experiência que se vislumbra nas falas do sociólogo maduro, profundamente comprometido com suas origens, que vê no seu passado a história da tentativa empenhada de dominar a cultura dominante pela razão, não se entregando a ela, mas dominando-a a partir de uma outra posição. As tensões e contradições daí resultantes, que marcam distintivamente a obra e a atuação de Florestan, espelham a magnitude da desigualdade histórica da sociedade brasileira, tal como se fez presente em um tempo e lugar específicos. Tensões próprias à modernidade com sua extraordinária capacidade de perverter os valores universais da igualdade e da liberdade sobre os quais se constituiu historicamente. Tensões que Florestan Fernandes enfrenta desde a infância e com as quais não pára de acertar as contas ao longo de suas reflexões sobre os dilemas da racionalização da sociedade no mundo moderno.

As idéias trabalhadas até aqui já devem ter distanciado o perigo de ler, nas memórias de Florestan, simples lembranças de acontecimentos.[20] Se preciso, que nos sirva de alerta a explicação do próprio autor para o texto de balanço de 1977, sobre *A geração perdida*, escrito "menos como um depoimento do que como uma arma de combate."[21] Nada de puro passado, portanto, nas narrativas profundamente interessadas que reorganizo aqui para expor uma história de vida que, embora parcial, pois especialmente direcionada para o 'período de formação', contribui para o entendimento de uma vida-obra marcada pela dupla adesão à investigação racional da sociedade e ao projeto de racionalização do mundo social.

---

[20] Cf. Debert, 1986.

[21] Fernandes, 1977, p. 214.

2.
A INFÂNCIA EM SÃO PAULO

Segundo nos conta, Florestan Fernandes nasceu em São Paulo em 22 de julho de 1920, descendente de uma família de portugueses do Minho que havia imigrado para o Brasil em busca de melhores condições de vida. Tios e avós foram para Bragança, no interior do estado, e a mãe, Maria Fernandes, ficou na capital trabalhando como empregada doméstica. Quando do nascimento de seu filho, D. Maria trabalhava na casa de Hermínia Bresser de Lima, que se tornou madrinha do bebê. A mãe lhe deu o nome de Florestan, mas "a minha madrinha dizia que Florestan não era nome para mim, era nome de alemão. E eu fiquei Vicente para a família de minha madrinha, e para a minha própria família que achou muito estranho chamar alguém de Florestan".[22] Filho da empregada e afilhado da patroa, o pequeno Vicente, durante alguns períodos, morou com a madrinha, em uma "grande casa" (p. 7) na esquina da rua Bresser com Celso Garcia, no bairro do Brás. Em outras temporadas, com a mãe, conheceu cortiços e quartos de aluguel em diferentes pontos da cidade, nos quais a "limpeza exigente de minha mãe não excluía a presença das baratas, a roupa remendada e larga — ganha de famílias generosas ou herdada dos mais velhos — a intolerância destes e a fuga pelo sonho."[23] Juntos, Vicente e a mãe eram "duas fraquezas. (...)

---

[22] Fernandes, 1995a, p. 7.

[23] Idem, 1977, p. 145.

Éramos varridos pela 'tempestade da vida' e o que nos salvou foi o nosso *orgulho selvagem*, que deitava raízes na concepção agreste do mundo rústico, imperante nas pequenas aldeias do norte de Portugal (...)" (pp. 142-3).

Retomando a própria socialização, Florestan reconhece como herança materna certo tipo de orgulho não-civilizado, forma pré-moderna de honra que aponta na mesma direção do aprendizado humano com os iguais, ou seja, da "socialização pré e extra-escolar" na qual ele demarca o início de sua formação sociológica. Um aprendizado que aparece como o lado positivo de uma relação essencialmente tensa, pois "se aprendi com aqueles homens de minhas velhas ocupações, não foi para mudar de ofício ou de vida" (p. 147). Entretanto, foi entre esses resignados que "encontrei pessoas de valor, que enfrentavam as agruras da vida com serenidade e tinham o seu padrão de humanidade: sabiam 'ser homens' e, nesse plano, eram mestres incomparáveis, com toda a sua rusticidade, depreciação da cultura letrada e incompreensão diante dos próprios interesses e necessidades. Foi deles que recebi a segunda capa de socialização, (...) pela qual descobri que a *medida do homem* não é dada pela ocupação, pela riqueza e pelo saber, mas pelo '*seu caráter*', uma palavra que significava, para eles, pura e simplesmente, 'sofrer as humilhações da vida sem degradar-se'" (p. 147).

A inserção no sistema escolar foi "problemática", como diz Florestan. "Com o nível de renda que tínhamos e a mobilidade espacial que ele envolvia, a escola primária era um luxo" (p. 145). Luxo que ele experimentou cedo e depois foi obrigado a largar. Aos seis anos de idade, freqüentou uma escola primária particular no Brás durante alguns meses que passou na casa da madrinha. Em seguida, voltando a morar com a mãe, tornou-se aluno do Grupo Escolar Maria José, na esquina da rua Manuel Dutra com a rua 13 de Maio, na Bela Vista. Mas no mesmo ano, ele experimentou também o anti-luxo do trabalho infantil. Durante três anos, ele estudou e trabalhou e em 1929 foi obrigado a deixar a escola para dedicar-se integralmente ao trabalho: com 9 anos de

O pequeno Florestan (terceiro da esquerda para a direita, sentado no banco), no Grupo Escolar Maria José, em São Paulo.

idade, "ganhava tanto quanto um adulto naquela ocasião, engraxando, fazendo serviços improvisados e outras coisas".[24]

Nas lembranças do Grupo Escolar, Vicente foi um "aluno rebelde", como os seus colegas, meninos pobres da cidade de São Paulo. Juntos, cabulavam as aulas e iam para o Morro dos Ingleses, criar um mundo imaginário, melhor e mais humano que o vivido no cotidiano. Mundo de camaradagem e fantasia que não excluía a "violência que minava a nossa cultura de machões em potencial": na escola, Florestan tomava a tabuada dos colegas segundo "regras muito estritas", tendo depois "que acertar as contas na rua" em freqüentes brigas corporais.[25] A relação conflituosa com os iguais comparece como o sentido principal de uma fala que, secundariamente, expressa uma consciência crítica a propósito da própria cultura machista, algo discernível em várias passagens dos depoimentos a partir dos anos 70. As lembranças da escola não falam apenas de um aluno rebelde, mas também de um autodidata precoce, que encontra nos livros um refúgio e uma promessa. "O fato é que embora eu não estudasse organizadamente, pelo fato de ter nascido na casa de dona Hermínia Bresser de Lima aprendi o que era livro, a importância de estudar e com pouco mais de seis anos adquiri uma disciplina."[26] A precocidade do caráter é um elemento distintivo da vida desse pequeno estudante atormentado pela vontade de mudar de vida, uma possibilidade que pulsava dentro dele tanto quanto em torno dele, nos diferentes modos de vida que a cidade expunha, sedutora. "Na casa da minha madrinha Hermínia Bresser de Lima (...) e na casa de outros patrões de minha mãe, entrei em contato com o que era *ser gente e viver como gente* (...) dei-me conta quão grande e complexo era o mundo, e que nada me forçava a encerrar-me no con-

---

[24] Idem, 1995a, p. 7.

[25] Idem, 1977, p. 146.

[26] Idem, 1995a, p. 7.

finamento dos porões, dos cortiços e dos quartos de aluguel em que morava com a minha mãe."[27] No mesmo sentido vai a descrição do "mínimo" que aprendeu no Grupo. Além de ler, escrever e contar, a experiência escolar ensinou-lhe "hábitos de higiene, ideais de vida e amor aos livros". A lembrança desse aprendizado de alguns requisitos básicos para "a vida na cidade" liga-se à memória do apoio recebido do diretor do colégio, Prof. Barros. Apesar das manifestações de rebeldia do aluno e, inclusive, da autorização materna para bater no estudante indisciplinado, Florestan lembra, com reconhecimento, que o Prof. Barros nunca bateu nele e que acompanhou "com interesse a minha carreira" (p. 145).

Apresentada, em suas memórias, como resultado direto da vivência em espaços socioculturais privilegiados e da proteção e influência dos desiguais, aqui representados por Hermínia Bresser de Lima e o Prof. Barros, a adesão a um padrão moderno de cultura secular distanciava a criança de seus iguais no universo do trabalho informal infantil na São Paulo dos anos 20 e 30. Embora fora do sistema escolar, Florestan adquiria, nos sebos da cidade, romances, livros didáticos e livros de história. Livros de piadas, a revista *Tico-Tico* e folhetos de cordel completavam as leituras da infância. "No desespero de romper a castração cultural invisível (...) eu próprio abri o meu caminho, formando uma curiosa cultura letrada" (p. 146). Mas o jovem trabalhador estava inserido no "submundo" dos "engraxates, entregadores de carne, aprendizes de barbeiro ou de alfaiates, balconistas de padaria, copeiros, garçons, ajudantes de cozinheiro". Nesse meio, "ridicularizavam minha propensão pelas leituras e meu apego aos livros dizendo que eu ia acabar 'com o miolo mole' de tanto ler; praticamente me incitavam a não deixar de ser como eles e a cultivar a ignorância como uma virtude ou a servidão como um *estado natural do homem*" (pp. 146-7). A ignorância como virtude e a servidão voluntária são os traços fortes da percepção de Flores-

---

[27] Idem, 1977, p. 143.

tan das condições subalternas de vida como "vida no fundo do poço". Sua pior característica, a terrível desrazão que habita a internalização da degradação social, isto é, a internalização da ordem social. "Na minha arquitetura mental da época, vínhamos logo abaixo dos gatunos profissionais e dos vagabundos, das prostitutas e dos soldados da Força Pública" (p. 148).

Na figuração desse momento de sua vida, Florestan contrapõe o fundo do poço à abundância e ao deslumbramento do estilo moderno de vida que desfilava em São Paulo. "O menino que eu era vivia essa amalgamação convertendo-se em um ser humano de tipo especial, fascinado pelo luxo de uns ou pela pompa dos que desciam de carros com motoristas de libré, abrindo as portas, diante do Teatro Municipal ou do Cine Paramount; passando o dia-a-dia oscilando entre a fome e a fartura (...)" (p. 145). O jovem Florestan circula entre mundos opostos, resistindo às pressões da condição subalterna e aderindo integralmente à cultura moderna, completamente seduzido por ela e, muito especialmente, por sua dimensão intelectual. "Se a cidade continha alguma civilização, eu me tornei seu adepto e seu afilhado pelo autodidatismo" (p. 146). Afilhado de São Paulo e adepto da civilização moderna: traços das relações pessoais de proteção combinam-se a elementos básicos da tradição liberal, como o talento individual e a cultura secular e letrada, no jovem que aposta no que sente como uma possibilidade no ar: poder lançar-se ao mundo, ter direito de o usufruir. Para aquele garoto excepcionalmente inteligente e determinado, que lia com avidez e desejava profundamente mudar de vida, a utopia liberal-democrática — a liberdade intelectual da pessoa, o progresso moral do povo e a igualdade da ordem social competitiva — brilhava como uma promessa no conturbado horizonte sociocultural paulistano.

3.
MODERNIDADE NA METRÓPOLE

"Assim que por volta das 20 horas despontou o cortejo na várzea do Carmo, tive um arrepio. Não era possível o que via! Caminhava não um cortejo, mas uma imensa multidão. Que sucederia quando aquela gente toda se encontrasse com a que estava em cima da ladeira?

Santo Deus! Não sei como passei os minutos que mediaram o instante em que divisei a coluna popular em marcha e o do seu encontro com o público da cidade.

Hoje, posso dizer com toda a segurança que nenhum dos cidadãos que assistiram àquele espetáculo poderia tê-lo esquecido. No amplexo daquelas multidões em meio do frenesi coletivo, alguém bradou: 'Nós que-re-mos Ge-tú-lio!' A multidão, como nunca São Paulo vira igual, repetia: 'Nós queremos, nós queremos Getúlio!'

Daí por diante foi tudo de roldão: as providências policiais e o programa da Comissão de Recepção, tudo, tudo!... São Paulo amanheceu a 5 de janeiro, estatelado. Como pode acontecer tudo aquilo entre a gente pacata e fria da cidade dos nevoeiros? (...)"[28]

---

[28] Paulo Nogueira Filho, "Idéias e lutas de um burguês progressista", II, pp. 405-6, *apud* Faoro, 1975, pp. 691-2, *apud* Sevcenko, 1992, p. 305. Envolvidos no acontecimento público, trabalhadores infantis juntaram-se à multidão, correndo pelas ruas e gritando "queremos Getúlio!" Entre eles,

O "frenesi coletivo" da multidão demarcava o espaço sociocultural da metrópole, onde a própria multidão era o espetáculo profundamente ambíguo da vida social moderna: impressionante por seu caráter de unificação — "amplexo das multidões" — e, simultaneamente, pelo perigo latente no encontro entre a "coluna popular" e os habitantes do centro da cidade, o "público" burguês. A expressiva descrição do comício da consagração simbólica de Vargas em janeiro de 1930 aponta sinteticamente as possibilidades em tensão no quadro sociopolítico da capital paulista no auge da crise da Primeira República. Por um lado, a presença dos operários fabris que, vindos do Brás, invadiam o lugar do público burguês ilustrado, fazendo do centro da cidade um espaço propriamente político, de manifestação e expressão pública de demandas e de expectativas de grupos sociais antagônicos. Por outro, a multidão arrebatada, figura que silencia o antagonismo entre as classes sociais para dar vazão à voz única da massa urbana, coletividade feita de indivíduos, marcada pelo caráter emocional da ação, que celebra o poder público na pessoa de um líder carismático.

Durante a crise do Estado oligárquico e a emergência do regime populista, no âmbito nacional, a modernidade instalava-se em São Paulo, potencialmente polissêmica, compondo um complexo quadro social e político, basicamente delimitado pela crise da oligarquia tradicional paulista, pela intensa urbanização e introdução das novas tecnologias urbanas, pela industrialização crescente e a correlata conformação das classes populares citadinas. Dimensões psicológicas, sociais e políticas fundiam-se em um cenário cultural marcado pela emergência concomitante de uma intensa valorização da cultura moderna — da arte moderna, da ciência e da tecnologia — e de um diligente esforço de construção de uma tradição nacional, a partir das culturas populares locais no cenário paulista do começo do século. Nos dois pólos, ambi-

---

corria e gritava o engraxate Vicente, então com 10 anos de idade (cf. Fernandes, 1978a, p. 51).

güidades criadoras de intermitente e efêmera duração. Como ensina Nicolau Sevcenko, o contexto cultural da consagração simbólica de Vargas em janeiro de 1930 — assim como da reação paulista ao novo governo central que se manifesta dois anos depois no movimento constitucionalista — era um novo cenário composto nas duas primeiras décadas do século, marcado pela combinação entre "cultura moderna" e "cultura popular-brasileira". Paralelamente ao esforço de promover na cidade uma vida cultural nos moldes da arte moderna européia, especialmente a francesa, desenvolveu-se a pesquisa da cultura popular e a idéia de uma arte brasileira autêntica. "Essa busca pelo popular, o tradicional, o local e o histórico não era tida como menos moderna, indicando, muito ao contrário, uma nova atitude de desprezo pelo europeísmo embevecido convencional e um empenho para forjar uma consciência soberana, nutrida em raízes próprias (...)."[29]

As origens históricas desse desejo de soberania intelectual são as mesmas do chamado "nativismo paulista" (p. 137). Elas remontam à campanha para as eleições presidenciais de 1910, que desfechou o primeiro grande golpe no domínio das elites civis de São Paulo sobre a ordem institucional da Primeira República. Reagindo à contestação de sua hegemonia por outros estados, a oligarquia paulista deu início a um poderoso movimento de resistência simbólica, forjando o mito do paulista conquistador e empreendedor que se expressa, por exemplo, na figura reconstruída do bravo bandeirante. Apresentado como responsável pela conquista dos sertões para o território nacional, o bandeirante mítico encarna a independência e o espírito de iniciativa dos paulistas, uma vocação civilizatória exposta em estandarte na divisa do escudo da cidade, criado na administração de Washington Luís. A afirmação de altivez logo revelar-se-ia multifuncional. Além dos adversários políticos e militares, as elites tradicionais paulistas surpreenderam-se com um poderoso "inimigo interno", os imigran-

---

[29] Sevcenko, 1992, p. 237.

tes de origem estrangeira que, no bojo do processo de intenso desenvolvimento industrial, ganhavam espaço nos setores fundamentais da atividade econômica do estado, tanto na indústria quanto na agricultura.[30] Frente ao que é percebido como o perigo de passar "de senhores da terra a colonos dos estrangeiros",[31] ou o temor da própria perda da nacionalidade, as elites ameaçadas articularam a Reação Nacionalista, promovendo e liderando a construção de uma identidade nacional, a partir da recuperação das tradições nativas e populares, tomadas como redutos da autenticidade de uma cultura cuja posse funcionava como instrumento de diferenciação e distinção social. "Ter raiz ou não tê-las (sic), eis a questão" (p. 247). Uma busca de legitimação simbólica na tradição que se apresentava como a única maneira de alcançar um efetivo alinhamento à civilização moderna, de origem européia.

Não há pois lugar, nesse mundo de múltiplas apropriações simbólicas, para significados unilaterais. Se na efervescência social da época, o regionalismo, a valorização das tradições folclóricas e a pesquisa histórica condicionavam a febre burguesa dos "saraus regionalistas" e os estrondosos sucessos de público de elegantes exposições históricas, abriam, simultaneamente, o caminho para a formação de uma tradição cultural nacionalista e mi-

---

[30] Segundo Sevcenko, o alarme foi dado pela publicação de *O desenvolvimento industrial de São Paulo*, de A. Piccarolo e L. Finnocchi, em 1918. Os dados indicavam, basicamente, que a grande maioria dos industriais que capitaneavam o já notável desenvolvimento do setor secundário no estado tinha origem estrangeira, em especial, italiana, e que, nas novas áreas de expansão e desenvolvimento agrícola, prevaleciam os pequenos e médios fazendeiros de origem imigrante. Quanto ao outro lado do desenvolvimento industrial, observa Sevcenko, já era bastante conhecido: o operariado estava nas ruas da cidade, fazia greves e promovia o clima geral de revolta eminente, "o temor onipresente da convulsão revolucionária desencadeada por alienígenas" — *os estrangeiros* (Sevcenko, 1992, p. 245).

[31] Expressão de Sampaio Dória, um dos líderes da Reação Nacionalista, em discurso de paraninfo aos formandos da Escola Normal de Piracicaba em 1921 (Sevcenko, 1992, p. 246).

litante, na esteira d'*Os sertões*, de Euclides da Cunha. Inscreve-se na vertente mais radical dessa perspectiva a figura do caipira Jeca Tatu, de Monteiro Lobato. Assim como Euclides havia traçado o perfil do distante sertanejo, Lobato expõe a melancolia da existência do "sertanejo do sul". Na seqüência, Lima Barreto e depois Amadeu Amaral "num espírito semelhante ao de Euclides, ressaltariam que esse sertanejo do sul era vítima do mesmo regime de exclusão social, expropriação e penúria absolutas que o do norte, apontando as origens da sua condição nas discrepâncias da estrutura social e política do país" (p. 238). Que essa vertente — que Alfredo Bosi designa de "paixão inteligente pelo homem brasileiro"[32] — não tenha, então, conquistado hegemonia não é o ponto principal no âmbito desta descrição, cujo único propósito é indicar alguns significados em confronto no quadro político-cultural do ambiente urbano paulistano dos anos 20 e 30, no qual cresce Florestan Fernandes.

Expondo a ligação entre as tensões sociopolíticas, o arrebatamento das novas tecnologias e o estado social de "descontrole nervoso" da população, Sevcenko localiza os múltiplos sentidos imputados ao "moderno", segundo perspectivas diversas e antagônicas que se articulavam e rearticulavam na cidade em vertiginoso crescimento e profunda transformação. O panorama psicológico era o dos "nervos à flor da pele", de "um povo neurótico", feito de indivíduos que são todos "doentes da imaginação"[33], no que a metrópole em formação participa do clima europeu de insegurança espiritual e psicológica que se segue à I Guerra, situando a febre de amuletos da sorte, na Europa assim como em São Paulo. Mas a moda contagiante dos amuletos é o mesmo solo onde

---

[32] Arrolando os nomes mais importantes dessa linhagem, ao longo de sucessivas gerações, Bosi inicia com Silvio Romero e Euclides da Cunha e finaliza com Florestan Fernandes e Antonio Candido. Cf. Bosi, 1983, p. 281.

[33] Cf. p. 225, na qual Sevcenko reproduz trechos da crônica publicada n'*O Estado de S. Paulo* da qual são retiradas essas expressões.

medra a idéia da ciência como um caminho de salvação. Assim, por exemplo, para captar recursos para a fundação do "pioneiro" Instituto de Radioterapia, agregado à Faculdade de Medicina, o jornal O *Estado de S. Paulo* pôs à venda, em sua redação, um "mascotte", "o simpático diabinho-rural, Saci-Pererê". O pendor "pelo fetichismo mágico se cruza surpreendentemente com as dimensões, tidas por mais nobres, da política, do nacionalismo, da ciência e da literatura" (p. 226). Em um desses cruzamentos, localizava-se o crescente interesse pela psicologia social e a psicanálise, as ciências que desafiariam a última fronteira interposta ao conhecimento experimental — o sobrenatural. Outro cruzamento era aquele especialmente tecido pelas mãos dos novos tecnólogos da publicidade em torno do "moderno", "palavra-origem" que de registro temporal transforma-se, por si só, no mais "sólido predicado ético em meio à vasta expectativa por uma vida melhor" (p. 228).[34] Em guerras publicitárias nas quais diversas campanhas enfrentavam-se, apresentando seus produtos como "modernos", "ultramodernos" e "supermodernos", havia mais que o apelo ao desenvolvimento tecnológico; fazia-se a "evocação de uma ciência que parecia não ter mais limites nem controles, preconizando a iminente redenção tecnofabril da humanidade" (p. 229).

O individualismo liberal circulava, entre mercadorias e tecnologias que rearticulavam os estilos de vida e as expectativas da população. Por meio delas, o "moderno" apresentava-se como símbolo de emancipação e independência, instrumento eficaz de conquista de liberdade e auto-suficiência individual. "Era a própria introdução do princípio do '*non ducor duco*' no cotidiano do ci-

---

[34] Para dar um único exemplo dos vários trabalhados por Sevcenko, a propaganda das aspirinas Bayer: "um grupo de médicos e enfermeiras em profiláticos aventais e máscaras brancas, portando estetoscópios e instrumentos cirúrgicos, exorcizam demônios espavoridos do corpo de um paciente estendido à sua frente. O cartaz exorta os 'avanços da ciência moderna'" e as chamadas da campanha publicitária do produto são "energia", "potência" e "eficiência" (p. 228).

dadão paulista" (p. 230). A modernidade fincava as raízes da liberdade na esfera privada, anunciando a conquista da livre escolha no âmbito da conduta mais íntima. "Agora sim — proclamava o anúncio — pode-se amar à vontade, graças aos progressos da ciência! Sensacional descoberta!!! A injeção antigonocócica cura a gonorréia mais rebelde" (p. 230). Dessa maneira circulava em São Paulo o princípio liberal clássico da completa soberania do indivíduo sobre o próprio corpo e a própria mente, armando-o, civilizadamente, contra as normas da moral vigente. Ao mesmo tempo, o princípio moderno da autonomia da pessoa atuava na conformação de um estilo de vida marcado pela excitação dos sentidos e pelo desafio aos limites corporais, estimulando o consumo de café, cigarro e cocaína e a paixão pelos aviões, os automóveis e, é claro, os *futebolers*, que distinguiam a fremente sociedade paulistana dos anos 20 em desvairada modernização.[35]

Se por meio dos que se alinhavam à defesa da moral tradicional ameaçada, o 'moderno' adquiria conotações negativas de promiscuidade — na esfera da conduta moral — ou de desordem e falta de disciplina — no âmbito da esfera pública —, revelava qualidades explosivas, quando apropriado pelos críticos do regime com voz no debate político. Contra aqueles considerados os responsáveis pela manutenção da condição retrógrada do país, empunharam-se as armas da administração científica da esfera pública. "Quando um dos arautos da oposição, o jornalista Mário Pinto Serva, verbera da sua cáustica coluna política n'*O Estado*, apregoando no início dos anos 20 'a nova era que se anuncia', o que ele presume é o inevitável advento de um modelo estatal caracterizado pela racionalidade administrativa, informação estatística e métodos científicos" (p. 231). Pode-se notar que, no qua-

---

[35] Como indica, precisamente, Sevcenko, é por meio da eficiente transferência desse estilo para a esfera pública que se criam as condições para a "cidadania fundada na emoção" (p. 67) das massas urbanas sobre a qual assenta-se a eficácia política do regime populista no Brasil. Para o tema do populismo ver também, em especial, Weffort, 1978.

dro sociopolítico paulista da época, a liberdade individual não se opunha ao poder público, conforme a clássica oposição liberal entre a liberdade individual negativa e o poder coletivo coercitivo. Diversamente, compunha com a perspectiva da racionalização da dimensão pública como esfera da administração coletiva. A extensão dessa esfera pela ampliação das funções do Estado apresentava-se, naquele cenário específico, como o caminho para sua racionalização, capaz de alçá-la à dimensão geral do bem-comum, obstaculizada pelo predomínio de interesses parciais e casuísmos. A ciência e a técnica surgiam, pelas vozes da oposição, como os instrumentos essenciais para a implantação da civilização moderna no estado de São Paulo, de modo a destacá-lo tanto no contexto nacional quanto no continental, marcados, ambos, pelo "atraso" civilizatório, tido por fator responsável por sua condição subalterna no cenário internacional. É com esse espírito, diz Sevcenko, que Júlio de Mesquita Filho propôs, nos anos 20, a criação de uma universidade no estado com o propósito de torná-lo o "principal centro científico da América do Sul" (p. 231). É certamente esse mesmo espírito que inspirou a criação da Escola Livre de Sociologia e Política em 1933, um ano depois da revolução constitucionalista contra o governo provisório de Vargas, especialmente insuportável para as elites liberais paulistas com a substituição dos governadores estaduais por interventores federais.[36]

Em 1933, entretanto, as negociações entre os liberais da Frente Única Paulista e o governo de Vargas resultaram na indicação de Armando de Salles Oliveira para o governo do estado. Final-

---

[36] Na verdade, o período é marcado por diversos projetos educacionais de reforma social. Os imigrantes, o analfabetismo, a incompetência da administração pública, os desvarios da população, as agitações sociais, a centralização do poder político, todos os problemas apontavam para a educação como a questão fundamental. Contudo, nos limites deste trabalho, as duas iniciativas no nível do ensino superior são os eventos essenciais que, ademais, situam a emergência das ciências sociais institucionalizadas como disciplinas acadêmicas no Brasil.

mente, São Paulo foi contemplado com um paulista, civil e, ainda mais, membro do 'grupo d'*O Estado*', importante núcleo da elite paulista ilustrada que agregava empresários culturais, educadores e escritores em torno do jornal *O Estado de S. Paulo*. A oposição liberal viveu então um período de embate pelo domínio político nacional. Envolvida na busca da conquista de hegemonia na sociedade brasileira, a oposição paulista foi adequando seu liberalismo democrático às exigências dos "novos tempos", tendendo acentuadamente para a defesa da ordem pública como, por exemplo, na "cruzada anticomunista" a partir de 1935. A adaptação, contudo, não levou ao resultado esperado. O advento do Estado Novo em 1937 marcou o fracasso político das elites paulistas e seu alijamento dos círculos dominantes no cenário nacional, apesar de todas as afinidades. No início do período, porém, havia muitas esperanças de conquistar a autoridade política e a liderança do processo civilizador na sociedade brasileira. As duas iniciativas no âmbito do ensino de nível superior, que situam a emergência das ciências sociais institucionalizadas no Brasil, inserem-se nessa perspectiva, estando as duas, ainda que de modo diverso, ligadas ao poder público estadual e à idéia da missão civilizatória de São Paulo.

É o que afirma o modernista Sérgio Milliet, ligado à 'ala cultural' do Partido Democrático, estabelecendo uma relação direta entre a idéia da Escola Livre de Sociologia e Política e o fracasso da Revolução de 32: "A data da criação da Escola liga-se intimamente a uma pressão da inutilidade das guerras civis que levou os paulistas a procurarem noutro campo a solução de seus problemas: o campo da educação e do ensino. (...) Todo o problema da época moderna é um problema educacional. De São Paulo não sairão mais guerras civis anárquicas; sairá, isso sim, uma revolução intelectual e científica, suscetível de mudar as concepções econômicas e sociais dos brasileiros; de fazer do nosso país uma grande potência em ação."[37] Contando com os nomes de Roberto

---

[37] Milliet *apud* Oliveira, L., 1995, p. 76.

Simonsen e Armando Álvares Penteado ao lado da Cia. Docas de Santos e da Cia. Paulista de Estradas de Ferro e das empresas jornalísticas O Estado de S. Paulo, Folha da Manhã e Diários Associados entre seus primeiros patrocinadores, a escola teria por objetivo, ainda segundo Milliet, a formação "de uma elite numerosa e disciplinada, sobretudo de administradores e funcionários técnicos, capazes de contribuir para o aperfeiçoamento do governo de nossa terra" (p. 75). Desse modo, ela corresponderia às necessidades criadas pela inexorável tendência ao incremento das funções do Estado, a saber, a formação de administradores profissionais, especializados no manejo de técnicas de levantamento e análise de dados, capazes de orientar políticas públicas eficientes, baseadas em conhecimentos precisos e consistentes da realidade. Segundo Fernando Limongi, embora não se possa afirmar peremptoriamente que o projeto teve inspiração direta no modelo norte-americano, é inegável a afinidade entre os objetivos da Escola Livre e a orientação profissional dos professores que então contratou. Entre eles, deve-se citar os norte-americanos Horace B. Davis, autor da primeira pesquisa sobre o operariado paulista, e Samuel H. Lowrie, cujo estudo sobre os lixeiros de São Paulo é considerado por Antonio Candido um marco histórico, indicativo da "virada temática" realizada pela nova geração de pesquisadores em São Paulo, que deslocou "a sociologia do estudo preferencial das classes dominantes para o estudo das classes dominadas".[38]

---

[38] Souza, 1996, p. 47. Analisando o documento oficial da ELSP redigido por Samuel Lowrie e apresentado à Assembléia Legislativa em 1935, Fernando Limongi sugere que a ênfase na formação técnica teria sido especialmente incrementada, a partir de 1934, devido à competição por verbas públicas com a recém-criada Universidade de São Paulo. Essencialmente, Lowrie distingue as duas instituições em suas dimensões culturais e políticas. Segundo ele, a Faculdade de Filosofia, Ciências e Letras visa formar professores secundários e elevar o nível da cultura geral, incrementando assim a aptidão do eleitorado; a ELSP objetiva formar técnicos administrativos, aumentando desse modo a competência das administrações públicas e priva-

A orientação utilitarista e intervencionista da ELSP sofreu, entretanto, considerável inflexão quando da contratação do sociólogo norte-americano Donald Pierson no fim dos anos 30. Segundo Limongi, "o impulso inicial perderá muito de seu ímpeto com o naufrágio político de Armando de Salles Oliveira, e Pierson imprimirá novos rumos ao 'projeto', dotando-o de uma base acadêmica de que não dispunha" (p. 223). A partir do decênio de 40, portanto, a orientação especificamente acadêmica aproxima e assemelha os perfis da ELSP e da FFCL da USP. Como relata em depoimento sobre suas atividades acadêmicas no Brasil, Donald Pierson chegou a São Paulo em 1939, atendendo a convite para "ajudar um grupo dedicado de brasileiros em São Paulo no desenvolvimento de uma instituição pioneira no País, dedicada exclusivamente às Ciências Sociais".[39] Seguindo as orientações científicas e profissionalizantes desenvolvidas pela Escola de Chicago, especialmente identificadas por Pierson à figura de seu professor e orientador Robert Park,[40] ele tinha por objetivo fundamental organizar a formação de sociólogos profissionais, intensamente treinados em métodos e técnicas de pesquisa, sob a orientação de especialistas experientes; em suma, conforme sua expressiva designação, formar "*research men* sistemáticos e 'de carreira'".[41] Com esse espírito, ele imediatamente organizou o Departamento de Sociologia e Antropologia, que se tornou, em 1941, mediante a incorporação dos professores titulados Emílio Willems e Herbert

---

das. Por outro lado, segundo Limongi, as ligações entre a fundação da ELSP e o poder público estadual confirmam que o caráter básico da instituição, desde a criação, foi a ênfase na pesquisa empírica de campo com objetivos de intervenção na realidade social, concretizada, então, em investigações claramente relacionadas a políticas públicas do governo de Armando de Salles Oliveira (cf. Limongi, 1989b, em especial pp. 220-1).

[39] Correa (org.), 1987, p. 41.

[40] Ver em especial Pierson, 1944.

[41] Pierson, 1944, p. 283.

Baldus, a Divisão de Estudos Pós-Graduados, conferindo, assim, à ELSP o pioneirismo da institucionalização dos programas de pós-graduação em ciências sociais no Brasil.

A revista *Sociologia*, fundada em 1939 por Willems e Antenor Romano Barreto, tornou-se então o veículo de divulgação dos conhecimentos produzidos pelos pesquisadores da ELSP e de suas orientações teórico-metodológicas. Segundo Willems, a "colaboração regular" de Baldus e Pierson permitiu que a revista alcançasse, então, um "nível respeitável que correspondia, mais ou menos, à fase de desenvolvimento em que se encontrava a Sociologia e a Antropologia Social naquele tempo".[42] Segundo Limongi, Pierson, Willems e Baldus foram os "responsáveis diretos pela maior parte dos artigos da publicação" que, longe de contemplar diferentes perspectivas sociológicas, era claramente dominada pela idéia de uma sociologia científica alicerçada sobre uma base empírica. Uma concepção que, segundo o intérprete, tem sua fonte, "em última análise", na sociologia de Chicago.[43] O comentário de Limongi remete à consagrada oposição entre uma sociologia empírica, de orientação norte-americana, e uma sociologia teórica, de origem européia, modelarmente representada em São Paulo pelas diferenças de orientação da Escola Livre e da Faculdade de Filosofia da USP. Não se trata, contudo, de desenvolver aqui a discussão desse problema, em termos gerais. Por ora, os dois pontos essenciais são, tão somente: primeiro, indicar como a criação da ELSP em 1933 enquadra-se no clima geral de valorização da ciência moderna que marca a São Paulo da época e, segundo, apontar a mudança de orientação que ela sofre no decênio seguinte, com o recuo do objetivo, marcadamente prático, de formar elites técnicas e sua substituição pelo projeto acadêmico de formação de pesquisadores profissionais. Isso porque uma orientação acadêmica partilhada é a base a partir da qual se pode distinguir as afinidades e as divergências

---

[42] Correa (org.), 1987, p. 120.

[43] Limongi, 1989b, p. 224.

teórico-metodológicas em torno da definição do caráter do conhecimento sociológico que aproximam e apartam diferentes sociólogos ligados por laços variados às duas instituições. É esse, certamente, o ponto fundamental em um trabalho sobre a concepção de ciência de Florestan Fernandes em seu 'período de formação'.

A realização do ambicioso projeto da Universidade de São Paulo em 1934 também ligou-se diretamente a Armando de Salles Oliveira. Assim que o novo Interventor tomou posse, Júlio de Mesquita Filho voltou de Portugal e convocou Fernando de Azevedo para redigir, imediatamente, um projeto de decreto-lei de criação da Universidade de São Paulo. Para Fernando de Azevedo foi um "momento feliz que veio, em conseqüência dos esforços desenvolvidos com êxito para pacificação e união de São Paulo".[44] Segundo ele, depois de mais de 100 anos de debates, finalmente a primeira Universidade do estado tornar-se-ia rapidamente realidade. Todas as providências foram tomadas para que Salles Oliveira pudesse assinar o decreto-lei no dia do aniversário da cidade. "Essa era a vontade resoluta do Interventor Federal e importava cumpri-la" (p. 220). No essencial, o projeto incorporou as faculdades profissionalizantes isoladas, entre as quais as grandes escolas de São Paulo, tradicionalmente formadoras de suas elites políticas,[45] e criou a Faculdade de Filosofia, Ciências e Letras, destinada a funcionar como foco filosófico, literário e científico, ministrando disciplinas de caráter geral para os estudantes dos diversos cursos, capazes de formar e disseminar, mediante uma base cultural ampla, o espírito universitário, corporificação da unidade fundamental de todo conhecimento humano.[46] Para compor o corpo docente da Faculdade de Filosofia, Armando de Salles Oliveira enviou à Europa o matemático Teodoro Augusto Ramos,

---

[44] Azevedo, 1958, p. 220.

[45] A Faculdade de Direito, existente desde 1827, a Escola Politécnica, fundada em 1894, e a Faculdade de Medicina, formada em 1913.

[46] Cf. Azevedo, 1958, p. 220.

professor da Escola Politécnica — e primeiro diretor da FFCL —, para escolher e contratar professores italianos, franceses e alemães. Segundo Fernando de Azevedo, foi uma medida "das mais corajosas que tomou, sob a inspiração e a instâncias de Júlio de Mesquita Filho, opondo-se radicalmente a manobras de interesses e ambições dos que já se dispunham a amesendar-se nas cátedras daquele instituto. Soube-se de alguns que, presumindo de suas capacidades, hesitariam apenas na disputa de uma ou várias dentre as mais diversas disciplinas..." (p. 221).

Os debates em torno da concepção de uma universidade de perfil humanista e científico, inspirada no modelo acadêmico francês, foram intensificados em São Paulo a partir dos anos 20.[47] O modelo importado serviu, no contexto paulista, para o estabelecimento de uma forte oposição, de um lado, ao utilitarismo identificado às faculdades isoladas profissionalizantes e, de outro, à tradição cultural brasileira definida "pela mentalidade livresca e retórica e pelo espírito de improvisação e de aventura".[48] Nesse cenário, a idéia da universidade foi apresentada como um dos pontos capitais de uma política educacional que propunha, diante da estreiteza de horizontes da sociedade nacional, uma "importante mudança de orientação, uma pequena revolução intelectual" (p. 217).

---

[47] Entre os principais acontecimentos relativos a essa discussão deve-se citar o "Inquérito sobre a Instrução Pública", promovido pelo então secretário de *O Estado de S. Paulo*, Júlio de Mesquita Filho, e organizado por Fernando de Azevedo em 1926, e o "Manifesto dos pioneiros da educação nova", redigido por Fernando de Azevedo e divulgado pelos educadores reunidos na 5ª Conferência Nacional da Educação, em 1932. Institucionalmente, o acontecimento mais relevante foi a Reforma Francisco Campos de 1931 que regulamentou o sistema nacional de ensino superior instituindo o regime universitário caracterizado por uma faculdade de filosofia central. Para a análise detalhada das dimensões políticas e intelectuais desse debate, ver Cardoso, I., 1982 e Limongi, 1989a.

[48] Azevedo, 1958, p. 217. Cf. também Azevedo, 1937 e 1944 e Mesquita Filho, 1969.

Inserida em um intenso processo de crescimento e diferenciação do mercado cultural e participando do clima de valorização geral da ciência que marca a industrialização e a urbanização de São Paulo nas primeiras décadas do século, a universidade foi idealizada por vanguardas intelectuais em conflito com os rumos da política republicana e apreensivas com a "homogeneização" social e a significativa presença de imigrantes estrangeiros no interior e na capital. Demarcando a própria identidade pela diferença em relação aos homens práticos da esfera econômica e da esfera política, a elite liberal paulista, graças à sua situação social, ligou-se harmonicamente à concepção moderna da autonomia da cultura. Entre a corrupção oligárquica da política, o anti-humanismo utilitarista e a ameaça das massas incultas, os liberais paulistas projetaram-se em uma concepção de universidade que permitiu a afirmação de uma independência, fundada na cultura e na ciência, contraposta à subordinação dos 'coronéis' e dos imigrantes ao poder e ao dinheiro, respectivamente. Nessa perspectiva insere-se a necessidade de evitar que a nova instituição recrutasse seus quadros segundo o padrão vigente no país, conforme critérios econômicos, políticos ou doutrinários — ou seja, em qualquer um dos casos, segundo valores próprios a instâncias externas ao campo cultural e científico.[49] Contratando as missões estrangeiras, a vanguarda intelectual paulista efetivamente criou condições para a implantação de critérios acadêmicos de organização e avaliação em São Paulo, rearticulando o quadro institucional estabelecido. Consensualmente reconhecida como o grande acerto dos paulistas, a contratação de intelectuais europeus e, em especial, franceses condicionou a montagem de uma estrutura institucional especificamente acadêmica na USP. Como afirma Sergio Miceli, "em São Paulo, a hierarquia acadêmica que vai se constituindo nas duas primeiras décadas de funcionamento foi sendo modelada por docentes estrangeiros treinados nas regras e

---

[49] Cf. Miceli, 1987, em especial p. 15.

costumes da competição acadêmica européia (e francesa, em particular), todos eles empenhados em instaurar um elenco de procedimentos, exigências e critérios acadêmicos de avaliação, titulação e promoção".[50] Dessa perspectiva, deve-se afirmar a realização bem sucedida de um dos propósitos do projeto universitário paulista. Entretanto, essa mesma vitória, associada ao processo de diferenciação social das camadas urbanas em formação, contribuiu para o fracasso da perspectiva geral inspiradora da concepção original da USP, relativa à doutrina liberal-democrática e suas vinculações às idéias de universidade e sociedade moderna.

Para seus mentores, o principal objetivo da "Universidade da comunhão paulista" seria, ao lado da formação de professores secundários, a constituição de uma elite cultural capaz de atuar na orientação geral da sociedade por meio da liderança intelectual, uma "elite depositária da razão, destinada a conduzir a nacionalidade".[51] Desse modo, a universidade estaria no topo de um sistema educacional, com função civilizatória, composto pelos diferentes níveis de ensino destinados à formação de camadas sociais específicas. Ao ensino primário caberia a formação do povo, ao secundário a das classes médias e ao superior a das elites. O espírito geral é de uma política de educação e de formação cívica que equaciona o problema nacional em termos da formação de classes dirigentes. Diagnosticando o problema social básico no despreparo geral da sociedade, fragmentada e transpassada por particularidades de todo tipo, elabora-se uma solução em termos de formação de lideranças intelectualmente aptas a contemplar a generalidade do bem comum, superando os interesses parciais identificados aos grupos econômicos e político-partidários.

Dados os objetivos desta descrição, importa assinalar a notável amplitude da doutrina liberal dos paulistas, marcada por combinações de diferentes modelos de democracia liberal ou, mais

---

[50] Miceli, 1987, p. 10.

[51] Cardoso, I., 1982, p. 92.

precisamente, das duas grandes vertentes do liberalismo democrático: a vertente radical, que tende a assumir um caráter mais igualitário a partir de noções progressistas da natureza humana e da ordem social, e a vertente conservadora que, ao contrário, adota visões elitistas acerca do funcionamento do sistema político baseadas em noções essencialistas da natureza individualista do ser humano.[52] Em outras palavras, o ideário da elite intelectual responsável pelo projeto da USP assimila concepções vinculadas aos dois significados básicos — e contraditórios entre si — da democracia moderna, definida, de um lado, em sentido descritivo, como forma de governo e modo de vida de uma sociedade de mercado capitalista e, de outro lado, em sentido normativo, como forma de governo e modo de vida de uma sociedade interessada em garantir, para todos os seus membros, a liberdade necessária à concretização e ao desenvolvimento de suas capacidades.[53] Obviamente, os dois significados oferecem-se a apropriações variadas com inclinações mutuamente antagônicas.

Um ponto exemplar a respeito do caráter combinado do liberalismo democrático das concepções sociopolíticas que embasam o projeto da USP é a associação entre uma concepção democrática de sociedade e a teoria das elites, uma das noções fundamentais do ideário paulista que são objeto da análise de Irene Cardoso.[54] Nas representativas formulações de Fernando de Azeve-

---

[52] Cf. a sistematização proposta por Macpherson (1977) dos quatro modelos de democracia liberal — entendida enquanto sistema político e concepção ética da sociedade — e suas filiações às duas grandes vertentes indicadas — a radical e a conservadora. Para a caracterização das duas grandes vertentes antagônicas no liberalismo clássico, ver Bobbio, 1988. Para o modelo básico do liberalismo radical, ver Mill, 1980 e 1991. Para a sistematização da versão mais moderna do modelo conservador, ver Schumpeter, 1984.

[53] Cf. Macpherson, 1977, em especial pp. 9-16.

[54] Em sua leitura das dimensões políticas do projeto universitário em São Paulo, Cardoso expõe a construção do mito liberal-democrático da criação

do, a educação popular das massas e a formação privilegiada de elites podem aparecer como objetivos complementares graças a uma definição de elite que incorpora ao caráter privilegiado do grupo a idéia de mecanismos democráticos de recrutamento de seus membros, mecanismos esses capazes de selecionar em todos os estratos sociais os indivíduos mais capazes e os maiores talentos.[55] No Inquérito de 1926, Fernando de Azevedo expõe claramente essa noção democrática de elite, indicando ainda o papel absolutamente fundamental da educação para a sua formação como um grupo de fácil acesso para todos os que demonstrarem vocação: "À medida que a educação for estendendo a sua influência, despertadora de vocações, vai penetrando até as camadas mais obscuras, para aí, entre os próprios operários, descobrir 'o grande homem, o cidadão útil', que o Estado tem o dever de atrair, submetendo a uma prova constante as idéias e os homens, para

---

da USP, após o fracasso político das elites paulistas com o advento do Estado Novo. Segundo a autora, o mito recupera especialmente os traços democráticos da concepção original e obscurece os aspectos mais autoritários que historicamente distinguem o período de implantação do projeto, entre 1935 e 1937, quando a elite paulista vai ajustando sua concepção de democracia liberal à defesa prioritária da ordem pública enquanto endossa os atos de exceção do governo de Vargas (cf. Cardoso, I., 1982, especialmente p. 182). Desse ponto de vista, a autora indaga "se o que se ressalta como obra do *espírito da criação* não teria origem no padrão de trabalho científico dos membros das missões estrangeiras que aqui estiveram para a implantação e a consolidação da Universidade, posto que o padrão científico implantou-se a despeito do 'espírito liberal', empenhado na época numa das inúmeras caças às bruxas com que se tem envolvido a partir do início deste século" (p. 18). Nesse sentido, Irene Cardoso assinala ainda que "não se nega que se tenha formado um clima de liberdade de pensamento e expressão na Universidade, independentemente das intenções dos fundadores. Desde o início criou-se uma polarização política e ideológica interna que possibilitou até mesmo o desenvolvimento de um pensamento crítico" (p. 20). Para outra referência essencial sobre o tema, cf. Silva, 1999.

[55] Cf. Cardoso, I., 1982, p. 31.

os elevar e selecionar, segundo o seu valor ou a sua incapacidade."[56] A idéia da formação democrática da elite, por meio da valorização de vocações que se manifestam conforme os cidadãos tornam-se mais qualificados pela educação formal, remete à concepção progressista do ser humano enquanto aquele capaz de exercer e desenvolver suas capacidades, aperfeiçoando-se integralmente conforme a sociedade lhe ofereça estímulo e oportunidades para o contínuo exercício de suas aptidões. Trata-se da visão moralmente orientada da natureza humana de John Stuart Mill, que afirma a possibilidade do contínuo aperfeiçoamento da pessoa contra a definição benthaniana do indivíduo como aquele que busca maximizar indefinidamente seu prazer. Como concepção de base do modelo político, ela sustenta o liberalismo ético de Stuart Mill e, posteriormente, o liberalismo democrático-humanista do início do século XX.

Nas formulações de Fernando de Azevedo, entretanto, o espírito igualitário fica, de certa forma, confinado ao modo de pensar a formação social da elite. Quando se volta para a consideração do modo de funcionamento do sistema político, do ponto de vista de suas potencialidades para o desenvolvimento social, Azevedo alinha-se à vertente elitista, partilhando de sua visão do valor primordial dos grupos dirigentes na condução dos processos político e civilizatório. Trata-se, aliás, da noção fundamental para a prioridade que é conferida ao ensino universitário em detrimento dos níveis que lhe são inferiores. Nesse sentido, afirma Azevedo que "a preparação das elites intelectuais precedeu sempre, e em toda a parte, a instrução das massas. (...) Pode-se admitir (...) uma civilização como a da Grécia, a de Roma e a da Europa até o século XIX, sem instrução primária, largamente disseminada; mas, não se concebe nenhum desses 'momentos de civilização' sem as elites poderosas que os criaram" (p. 451). Ou seja, como afirma Cardoso, "a marca das civilizações não é dada pela amplitude da

---

[56] Azevedo, 1937, p. 453.

educação popular, mas pela força das elites dirigentes".[57] Tal concepção retoma a clássica noção liberal que afirma que o governo e a condução das coisas públicas são, por definição e em qualquer tipo de sociedade, atribuições dos grupos sociais privilegiados. Trata-se de uma noção estática, descritiva, realista e desprovida de orientação ética. Como tal, ela sustenta a concepção protetora da democracia liberal segundo a qual o sufrágio universal é o bom meio de escolha dos governantes, garantia de um bom governo por parte dos poderosos que sempre detêm o poder político e que, na ausência de uma distribuição igualitária do poder de voto, tenderiam, seguindo o princípio do auto-interesse próprio à natureza humana, a oprimir e tiranizar os destituídos de qualquer poder, realizando, então, um mau governo.[58]

Encontra-se, portanto, nessa importante formulação de Fernando de Azevedo, a presença simultânea de uma concepção ética e igualitária do ser humano e de uma noção conservadora e elitista do funcionamento do sistema político e da ordem social. A mesma idéia pode ser alinhada, de um lado, à vertente moral, humanista, progressista e igualitária do liberalismo democrático radical; de outro, à vertente essencialmente individualista, instrumental e elitista da democracia liberal. Trata-se, assim, de um exemplo do modo como o liberalismo combinado que inspira o projeto universitário paulista fornece pontos de partida para desenvolvimentos diversos e tendencialmente divergentes entre si, e isto independentemente dos sentidos privilegiados pelos próprios fundadores, em diferentes momentos do processo de organização institucional.

Quando do início das atividades da Faculdade de Filosofia, Ciências e Letras, o caráter essencialmente elitista da proposta original da USP e de sua faculdade central era especialmente tangível e logo revelar-se-ia um problema. A presença de membros da alta sociedade paulistana nas conferências dos mestres estran-

---

[57] Cardoso, I., 1982, p. 30.

[58] Cf. Macpherson, 1977, pp. 29-48.

geiros fazia das aulas verdadeiros acontecimentos sociais aos quais
compareciam representantes do governo estadual e membros da
elite cultural que projetou e fundou a Universidade. Contudo, a
situação alterou-se muito rapidamente, dada a inconstância desse tipo de público, sem motivação para integrar-se profissionalmente às atividades acadêmicas sujeitando-se a critérios específicos de conduta e avaliação. Assim, em 1935, no início do segundo ano de funcionamento da Faculdade, a falta de alunos inscritos nos diversos cursos parecia indicar a inviabilidade da instituição concebida para ser um núcleo de cultura geral e o *locus* do espírito universitário.[59] Segundo o relato de Fernando de Azeve-

---

[59] Se da perspectiva da ELSP, como se viu, a FFCL era uma concorrente ameaçadora, capaz de atrair seus alunos potenciais, em seu próprio âmbito, a FFCL também enfrentava, de imediato, o problema da falta de estudantes. O que posteriormente aparece como uma indicação clara do elitismo das concepções educacionais do período, concentradas nos níveis superiores do sistema de ensino, é descrito por Fernando de Azevedo como uma dificuldade passageira e exterior à obra de organização da Universidade, em comparação com as lutas por ele travadas, no Conselho Universitário, com as escolas profissionalizantes resistentes à articulação com a Faculdade de Filosofia e em torno do projeto da Cidade Universitária (cf. Azevedo, 1958, p. 222). Para os analistas, ao contrário, o comissionamento dos professores primários é um aspecto fundamental para a análise do perfil institucional da FFCL por meio da caracterização do tipo de recrutamento de seus estudantes entre os diferentes estratos sociais. Como sistematiza Miceli (1987), o espaço social de recrutamento dos novos profissionais é uma das três variáveis que permitem a análise comparada do perfil intelectual dos empreendimentos educacionais na área das ciências sociais no Brasil, ao lado da "margem de distância institucional em relação às escolas superiores tradicionais" e do "grau de autonomia em face de seus mentores políticos, partidários e/ou confessionais" (p. 6), ou seja, do afastamento institucional em relação à política propriamente dita. Com base na consideração desses três fatores, Miceli aponta para a especificidade do processo de institucionalização das ciências sociais em São Paulo: "A rigor, só existiu uma vida acadêmica na acepção das experiências européias e norte-americana na Universidade de São Paulo, entendendo-se por isso uma atividade profissional permanente de docentes e pesquisadores em condições de fazer da universidade o centro de

do, Júlio de Mesquita Filho alarmou-se com o reduzido número de inscritos, "inferior ao de professores já contratados e por contratar no estrangeiro", e pediu-lhe sugestões para enfrentar a "indiferença com que parecia ser acolhida a grande iniciativa" da Universidade de São Paulo.[60] Tendo recebido 'carta branca' para solucionar o problema, Azevedo percorreu as salas do Instituto de Educação, do qual era diretor, onde professores normalistas realizavam os exames de admissão para os cursos de aperfeiçoamento e especialização oferecidos pelo Instituto. "Falei-lhes da Faculdade de Filosofia, do seu papel no sistema universitário, da variedade dos seus cursos e das perspectivas que abriam para novos estudos, em diversos domínios do conhecimento. Que estavam em tempo de escolher entre os cursos do Instituto, a que afluíram candidatos, e os da Faculdade, a que se apresentaram em número extremamente reduzido. O resultado não se fez esperar. Reabertas, segundo minha proposta, as inscrições na Faculdade de Filosofia e prestados os exames exigidos por lei, foram matriculados *condicionalmente* numerosos normalistas que, acudindo a meu apelo, rumaram para a Faculdade (...). Salvou-se, com essa medida, a Faculdade em perigo; (...) e, dentre os normalistas que então se inscreveram, muitos puderam ser considerados dos melhores estudantes que já teve a Faculdade de Filosofia, desde a sua fundação".

Referendada pelo Conselho Universitário, a figura dos professores primários comissionados — ou seja, dispensados de suas atividades docentes nas escolas da rede pública sem perda da remuneração para cursarem a Faculdade — é uma referência fun-

---

sua vida pessoal (afetiva e profissional), o lugar de suas realizações, o espaço prioritário de sociabilidade, o horizonte último de suas expectativas de melhoria social, a instância decisiva de reconhecimento do mérito científico e intelectual" (p. 12). Para a análise do padrão de recrutamento dos estudantes da USP ver também Limongi, 1989a.

[60] Todas as citações do parágrafo são retiradas de Azevedo, 1958, p. 222.

damental que aponta para uma substancial alteração do padrão estabelecido de recrutamento para o ensino superior. O elitismo vigente, reproduzido na concepção original da Faculdade de Filosofia, Ciências e Letras, é subvertido pela entrada contínua e crescente de membros das camadas médias emergentes na cidade em intenso processo de urbanização e industrialização; mais especificamente, de "mulheres e/ou descendentes de família de origem imigrante, muitas delas abastadas do ponto de vista material mas sem qualquer enraizamento anterior junto aos setores cultos dos grupos dirigentes".[61] Como ensina Miceli, referindo-se tanto à USP quanto à ELSP, a oferta de titulação de professores secundários e de novas carreiras acadêmicas atraiu os jovens oriundos das camadas urbanas emergentes oferecendo "uma alternativa de formação escolar e cultural condizente com suas pretensões mais modestas de projeção social se comparadas aos privilégios ainda associados aos títulos e carreiras liberais tradicionais" (p. 8). Não fosse a criação das novas carreiras, seria altamente improvável que indivíduos oriundos dessas camadas sociais tivessem acesso ao ensino superior, uma perspectiva fascinante que acenava com a "oportunidade quase única, talvez pela primeira vez na história do país, de acesso a uma profissão intelectual cujos integrantes poderiam se lançar no mercado como detentores de uma oferta personalizada, com nome próprio e, por conseguinte, em condições de suscitar sua própria demanda" (p. 9). Contingentes expressivos de mulheres, professores primários que nunca haviam imaginado integrar-se a uma carreira acadêmica e filhos de imigrantes culturalmente desenraizados, alguns deles tornando-se os primeiros membros da família a freqüentar uma escola de nível superior,[62] formam uma clientela que força os cursos da FFCL no sentido da orientação profissionalizante, relacionando-se, assim,

---

[61] Miceli, 1987, p. 6.

[62] Cf. Miceli, 1987, p. 8.

diretamente ao perfil científico que distingue historicamente essa instituição. É assim que Miceli pode afirmar, sinteticamente, que "a experiência universitária paulista foi se viabilizando na razão direta do fracasso e esvaziamento do projeto inaugural" (p. 12). Recebendo os filhos dos imigrantes abastados contra os quais os liberais articularam seu projeto educacional e contratando os professores estrangeiros, a Faculdade de Filosofia tendeu a um perfil democrático ampliado, balizado, de um lado, pelo tipo de recrutamento social de seus estudantes, de outro, pela vigência de princípios acadêmicos de avaliação, estritamente fundados no mérito intelectual. Tal perfil certamente compromete o sentido geral do projeto inicial, embora desenvolvendo perspectivas que estão presentes nele potencialmente. Pois não se pode perder de vista que as considerações acerca da "colisão entre o 'projeto iluminista' das elites locais e a irresistível profissionalização de setores médios em ascensão social" (p. 11) referem-se ao processo de institucionalização das ciências sociais em São Paulo tal como se desenvolveu ao longo de três decênios de funcionamento e para o qual a importância da atuação intelectual e institucional de Florestan Fernandes foi absolutamente decisiva.[63] Para delimitar o problema tendo em vista considerá-lo quando o processo está em curso, tal como se apresenta nos anos 40 e 50, em suas relações com a perspectiva intelectual e a atuação institucional de Florestan, importa focalizar as conexões então estabelecidas entre a diretriz científica e profissionalizante e as concepções gerais sobre ciência, educação e sociedade inspiradoras do projeto universitário que são objeto, nesse período, de intensos debates internos à Faculdade de Filosofia em torno de seus objetivos e possibilidades.

---

[63] Sergio Miceli baseia-se nos dados relativos aos diplomados da USP entre 1936 e 1955 e da ELSP entre 1937 e 1955 em uma análise do desenvolvimento das ciências sociais no Brasil que abarca o período compreendido entre 1930 e 1964.

4.
A RUPTURA DA CONDIÇÃO SUBALTERNA

Em 1937, trabalhando como garçom no Bar Bidu, na Rua Libero Badaró, Florestan viu o Ginásio Riachuelo instalar-se ao lado e passou a servir — e a conversar com — os professores que vinham tomar lanche. "Eu sempre ficava atento aos fregueses com os quais podia aprender alguma coisa."[64] Obviamente, o jovem garçom discursando sobre História do Brasil encantava e enternecia os fregueses. Alguns deles tornaram-se seus amigos, tentando ajudar de alguma forma o autodidata com excelentes dotes intelectuais, impossibilitado sequer de reintegrar-se ao sistema de ensino formal. A esse respeito, uma figura importante nas memórias de Florestan é Mário Wagner Vieira da Cunha, "que descobriu o meu talento oculto e me deu muitos livros".[65] Porém, esse momento decisivo de sua vida associa-se fundamentalmente a um grupo de amigos e protetores oriundos de camadas

---

[64] Fernandes, 1977, p. 147.

[65] Idem, 1995a, p. 7. Mário Wagner Vieira da Cunha havia sido um dos primeiros professores primários comissionados da Faculdade de Filosofia da USP. Na época em que Florestan retomava os estudos, ele trabalhava como assistente de Herbert Baldus na Escola Livre de Sociologia e Política de São Paulo, que também freqüentara como aluno. Muito provavelmente, ele exerceu certa influência sobre as inclinações do amigo na direção das ciências sociais, inclusive no sentido profissional. Mário Wagner era um jovem de origem social modesta, que iniciava uma brilhante carreira acadêmica graças ao próprio mérito intelectual.

sociais privilegiadas. A ajuda fundamental veio de outro freguês do Bar Bidu, Manoel Lopes de Oliveira Neto, que conseguiu um novo emprego para Florestan, como entregador de amostras de medicamentos do Laboratório Novoterápica. Segundo Florestan, deixar de ser garçom e conseguir um emprego de outro tipo na São Paulo de 1937 "era algo notável".[66] De fato, antes disso, Clara Augusta Bresser, irmã da madrinha de Florestan, Hermínia Bresser de Lima, já havia procurado outras oportunidades de trabalho para o protegido da família, mas nem seu esforço nem suas boas relações sociais conseguiram vencer o preconceito que criava obstáculos intransponíveis para a oferta de oportunidades sociais a membros das camadas subalternas: "O mínimo que se pensava, sobre aquele 'tipo de gente', é que éramos 'ladrões' ou 'imprestáveis'!" (p. 148).

O novo emprego significava, em especial, a possibilidade de voltar a estudar. Através do Prof. Jair de Azevedo Ribeiro, freqüentador do Bar Bidu e amigo de Florestan, o Ginásio Riachuelo ofereceu ao garçom demissionário um desconto nos pagamentos do curso de madureza. Com um emprego que deixava a noite livre e permitia pagar os estudos, Florestan viu cintilar a oportunidade de romper o "círculo de ferro da condição social" (p. 148). Desafiando, notavelmente, o preconceito contra os pobres, graças ao talento intelectual, foi preciso enfrentar, por outro lado, "a incompreensão e a chacota dos colegas" e a difícil "resistência rústica" da mãe, "que achava que eu iria 'ficar com vergonha dela' se estudasse" (p. 147).[67] A incompreensão dos iguais para

---

[66] Fernandes, 1977, p. 148.

[67] Cf. também 1978a, pp. 30-1: "E, inclusive, para poder estudar, tive de enfrentar um conflito com minha mãe. Precisei dizer-lhe: 'a partir desse momento, ou fico em casa e vou estudar, ou saio de casa para estudar e a senhora perde o filho'. Nessa ocasião, eu já tinha dezessete anos, tinha feito parte do ensino primário, tinha lido muitos livros. Por sorte, encontrei pessoas com as quais eu podia conversar; fui formando a minha biblioteca e ti-

com seus sonhos e pretensões era algo que Florestan aceitava com dificuldade, sugerindo um estado de profundo isolamento psicológico especialmente na adolescência. Contrariando o seu grupo de origem e a família,[68] Florestan reiniciou os estudos. Com a mudança do Ginásio Riachuelo para a Alameda Nothmann, ele deixou a casa da mãe e foi morar com Ivana e José de Castro Manso Preto, ligados à sua madrinha, nessa época já falecida. A cama e a comida permanentes permitiam que Florestan sustentasse a mãe sem ter que parar de estudar. Ivana e José de Castro, Hermínia, Manoel Lopes "foram meus protetores. Aqui parece uma sociedade florentina, sem protetores a pessoa pifa".[69]

A experiência no colégio foi "puro mel e uma revolução".[70] Iniciava-se a terceira socialização de Florestan Fernandes entre os grupos de estudos, de festas nos fins de semana, de banhos, tudo ocorrendo no colégio. O diretor Benedito de Oliveira dava a chave do prédio para os alunos do período da noite ficarem até tarde estudando e discutindo. A propósito, Florestan descreve, pela primeira vez, uma inserção social basicamente harmoniosa. "Tínhamos uma escola-comunidade e, sob o seu impulso, a minha imaginação se abriu para além do imediato, do cotidiano e para os 'grandes problemas' da literatura, da filosofia e da época; au-

---

nha uma pseudo-erudição em várias áreas. Mas eu era um desenraizado e não me vinculara a nenhum grupo intelectual em São Paulo. A primeira vinculação que eu adquiri coincide com o meu curso de madureza".

[68] Na entrevista de 1981 (1995a), Florestan ameniza a intensidade do conflito cultural com a mãe, referindo-se a ela e a um de seus companheiros, João Gonçalves de Carvalho, como influências positivas em seus estudos como jovem autodidata. Segundo Fernandes, João G. de Carvalho era garçom e "um homem culto que lia muitos livros. Então, combinando a influência de minha mãe e a influência dele, eu estudava (...). Eu lia muita coisa" (1995a, p. 7).

[69] Fernandes, 1995a, p. 8.

[70] Idem, 1977, p. 149.

tores de segunda ordem, mas conhecidos, entram em nossas cogitações" (p. 149). Paralelamente, no ambiente do novo tipo de emprego, Florestan conheceu "a mesquinharia do 'trabalhador de gravata'", o que também significava estar "dentro da circulação", entrar "no circuito da sociedade de classes". Com os novos amigos no trabalho e no colégio, "penetrei em outro mundo novo para mim, das famílias (...) organizadas (...) que punham a sua estrutura institucional e o seu funcionamento a serviço dos seus membros: de sua educação, de sua felicidade. (...) Ao mesmo tempo, punha-me diante de uma nova forma de companheirismo, no qual a amizade era um fim em si e para si; o dar e tomar não eram parte de uma luta, de um confronto com os outros" (pp. 151-2).

As mudanças não significaram somente uma "ruptura com a 'cultura de folk' e com uma condição social que implicava em degradação social tácita". Elas descortinavam "novos horizontes humanos e novas vias de socialização. Eu deixava de ser (...) um espectador deslumbrado do que se passava em redor de mim. (...) Sentia, com clareza, que transpunha os muros de uma fortaleza" (p. 149). Em contato com pessoas da mesma idade, com "a música, a dança e o convívio com moças bonitas e educadas", ele descobriu que "a cidade não só tinha encantos proibidos. Podia lançar-me na corrente e *viver como gente*, segundo o estilo urbano de vida que era acessível àqueles círculos da pequena burguesia paulistana" (p. 152).[71] Sentia "uma grande alegria de viver e uma esperança sem limites, como se o mundo me pertencesse e, a partir daí, tudo dependesse de mim. O orgulho selvagem, de agres-

---

[71] Entre as "moças bonitas e educadas" que conheceu na época, estava a futura esposa Myriam Rodrigues. O namoro entre os dois durou alguns anos, até o casamento em 1944. Juntos, tiveram 6 filhos. A total dedicação de Myriam Rodrigues Fernandes ao casamento permitiu e sustentou, cotidianamente, a realização do sonho de juventude do marido de fazer parte de uma "família bem organizada", conforme os padrões da vida privada das camadas médias paulistanas de meados do século passado.

GINÁSIO DO ESTADO
SÃO JOÃO DA BOA VISTA
ESTADO DE SÃO PAULO

ATESTADO

Atesto, para fins de direito, que o SNR. FLORESTAN FERNANDES, filho de D. Maria Fernandes, natural de São Paulo, nascido no dia 22 de Julho de 1920, prestou neste educandario os exames do Artigo 100 do Decreto Federal nº 21.241, de 4 de Abril de 1932 (Madureza), nos anos letivos de 1939, 1940 e 1941, tendo sido expedido seu certificado de aprovação da 5a. Série em 29 de Janeiro do corrente ano, com as seguintes notas:

Português - 95 (noventa e cinco)
Latim - 85 (oitenta e cinco)
Matematica - 100 (cem)
Fisica - 85 (oitenta e cinco)
Quimica - 95 (noventa e cinco)
História Natural - 92 (noventa e dois)
Geografia - 85 (oitenta e cinco)
História da Civilização - 87 (oitenta e sete)
História do Brasil - 91 (noventa e um)
Desenho - 55 (cincoenta e cinco)
MÉDIA GERAL - 87 (oitenta e sete).

São João da Boa Vista, 26 de Setembro de 1941.

(Francisco A. Martins, Junior)
Diretor

Visto

(Dr. Nestor de Almeida Vergueiro)
Inspetor Federal

Resultado dos exames de madureza de Florestan Fernandes, realizados no Ginásio do Estado de São João da Boa Vista (SP).

são autodefensiva, transformava-se numa força psicológica estuante, que me punha em interação com o *mundo dos homens* — a '*sociedade*' — e não fora dele" (pp. 150-1). A conquista de um mundo novo, vivida como vitória sobre as condições degradantes de vida, inverte o sinal da relação do indivíduo com a coletividade e o "orgulho selvagem", cultivado desde a infância como forma pessoal de defesa psicológica contra o ambiente, transforma-se em disposição positiva de participação construtiva na coletividade que o acolhe. Dono do mundo — e não mais sua vítima —, o jovem Florestan sentia que tomava o próprio destino nas mãos. Disposto a aproveitar totalmente as chances, ele revelar-se-ia capaz de uma dedicação total a cada uma das tarefas que a nova vida lhe apresentaria.

No bojo desse processo de profunda rearticulação social e psicológica, Florestan localiza, ainda, o encontro com Mário Piana, cunhado do colega de trabalho Antonio Scala Netto. Piana ofereceu-lhe "a primeira oportunidade de discutir o socialismo e a sociedade brasileira. Recém chegado da Itália, ele via com olhos muito críticos certos 'costumes brasileiros' — inclusive a condição inferior da mulher, o fato de até homens feitos passarem a mão pela bunda de meninos ou a apatia dos operários — e me forçava a saltar de uma leitura confusa de certos livros elementares de propaganda socialista para o significado do movimento socialista como força social e política" (p. 151).

No trabalho, Florestan passou, em pouco tempo, de entregador de amostras de remédios a chefe da seção de materiais dentários no Laboratório Novoterápica. Em pouco mais de dois anos, ele percorreu "um caminho no qual muitos gastam a metade da vida" (p. 151). Ainda freqüentando o curso de madureza, ele abandonou esse emprego, indo trabalhar em outras firmas como empregado, depois como vendedor à comissão de artigos dentários e finalmente como propagandista de um laboratório, atividade que exerceu até 1947. O ponto é que os novos tipos de trabalhos permitiam-lhe que planejasse continuar os estudos em nível superior, contanto que fosse um curso de meio período. A limitação excluía o curso de engenharia química que ele pensou em fazer, embora não saiba dizer por quê. Obviamente, excluía também as três grandes escolas superiores da cidade, tradicionalmente formadoras das elites políticas e culturais. Desse modo, limites objetivos orientaram-no para a recém-criada Faculdade de Filosofia. Apesar da provável influência de Mário Wagner Vieira da Cunha, pode-se afirmar, com Heloísa Pontes, que a perspectiva profissional esteve praticamente ausente da escolha do curso de ciências sociais e políticas, pois na São Paulo da época mal se sabia qual era, exatamente, o perfil profissional de um cientista social.[72] Contudo, ela ajustava-se harmonicamente à sua expectativa profissional, gerada na experiência sociocultural com os colegas do Riachuelo, de tornar-se professor de nível secundário. Do mesmo modo, combinava-se com seu interesse pelas questões sociais e políticas que então se expressava nas formas de um "populismo radical" e de um "vago socialismo" (p. 154).

Na efervescência juvenil dos colegas enfrentando os exames finais, Florestan inscreveu-se para o "pré", subordinado à Faculdade de Filosofia, e também para habilitação para a seção de ciências sociais e políticas. Inscreveu-se nos dois, temeroso, talvez, de não passar na habilitação. Os exames não foram tranqüilos. "No exame oral de química, tive um entrevero com um dos examinadores." Embora saindo-se muito bem, dias depois ele reencontrou o professor Hércules Machado Florence, então como examinador principal do exame de história natural. "Quis desistir, pois me considerava reprovado por antecipação". Impediram-no os colegas e amigos que, como ele, prestavam os exames. Seu apoio e seu estímulo permitiram "que eu vencesse minha reação negativa". Florestan compareceu à prova e, de fato, o Prof. Hércules "'apertou-me' para valer. Em troca, tive a oportunidade de fazer uma espécie de preleção que atraiu a maioria das pessoas que estavam no

---

[72] Pontes, 1996, p. 281.

colégio para a sala de aula". Florestan Fernandes só parou porque o inspetor federal deu o exame por encerrado: "Vamos acabar com isto, se não ele fala o dia inteiro".[73]

Florestan foi aprovado em segundo lugar para o "pré" e em quinto na habilitação. Naquele ano, o curso de ciências sociais e políticas ofereceu 30 vagas, 29 candidatos inscreveram-se e "os franceses deixaram passar seis".[74] Os resultados foram reveladores: "Descobri algo dentro de mim de que jamais suspeitara. No *Riachuelo* (...) converti-me, gradualmente, em um intelectual".[75]

Segundo Florestan, o "círculo de ferro da condição social" é uma imagem antiga, ligada ao período anterior aos acontecimentos que, em 1937, levaram-no a acreditar realmente na possibilidade de viver uma vida à altura do próprio desejo, mostrando-lhe "que não estivera cultivando e afagando uma ilusão irremediável" (p. 150). Até então, diz ele, "eu encarava a realidade através de um espectro simplista, que se mantém vivo em minha mente até hoje. Para mim havia dois tipos de seres humanos e de mundos. Uns viviam dentro do poço e não conseguiam sair dele. Quando tentavam, ou os que andavam na superfície pisavam em suas mãos, e eles caíam, ou os que estavam lá dentro puxavam-nos para baixo. Não havia um sentimento de ódio contra isso: o fato era aceito como 'natural', o preço que muitos tinham de pagar por sua *sina*" (p. 150).

Nessa crua figuração da falta de oportunidades sociais para a superação da condição subalterna, Florestan opõe o fundo do poço a uma superfície habitada por seres a um só tempo cruéis e indiferentes. De fato, porém, sua experiência foi em expressiva medida determinada por outro tipo de atitude pelos habitantes da superfície que lhe estenderam a mão, oferecendo-lhe parte das

---

[73] Fernandes, 1977, p. 153.
[74] Idem, 1995a, p. 8.
[75] Idem, 1977, p. 153.

condições objetivas necessárias à escalada para fora do poço. Essa ajuda, por seu lado, foi diretamente condicionada pelo talento intelectual de Florestan. Reconhecidamente excepcional pela inteligência e pela cultura letrada, surpreendentes em um garçom de bar sem escolaridade formal, ele conseguiu desafiar e superar o preconceito, despertar admiração e solidariedade, conquistando apoio e proteção no âmbito das relações pessoais. No caso extraordinário do jovem Florestan, a mistura local de liberalismo e paternalismo condicionada, de um lado, pela adoção do valor liberal de reconhecimento do talento individual e do direito do indivíduo de desenvolver suas aptidões e, de outro, pela ausência de canais institucionalizados de ascensão pelo mérito, revelou-se uma combinação tensa e criadora. Apesar da desigualdade pressuposta nas relações pessoais de proteção, elas combinaram-se ao espírito liberal, abrindo caminhos estruturalmente fechados ao moço excepcionalmente inteligente, permitindo sua inserção na competição social e reconhecendo, na prática, um dos valores fundamentais do ideário clássico da sociedade moderna. Parece-me que esse é um dos aspectos fundamentais da experiência para o próprio Fernandes. Embora a ordem liberal não existisse em um mundo feito de fundo de poço e superfície indiferente, ela prometeu e cumpriu suas promessas elementares através de alguns membros das camadas sociais privilegiadas. Passando por essa experiência, Florestan, coerentemente, "chegou à superfície" pleno de fé nas possibilidades emancipatórias da civilização moderna.

Mas isso é apenas uma parte da história. Do outro lado, havia um enigma perturbador. Segundo ele, não foi fácil "entender o sentido profundo do comportamento dos que estavam dentro do poço" (p. 150), essa irracionalidade que lhe parecia incompreensível, exemplarmente corporificada pela mãe, ao posicionar-se contra a retomada dos seus estudos. Certamente o jovem exultava com a oportunidade de voltar à escola e a atitude da mãe era muito difícil de aceitar, sugerindo um enfrentamento totalmente antagônico entre os dois. A observação sobre as famílias estruturadas, que se colocam a serviço da educação e da felicidade de seus membros, bem pode sugerir essa leitura. Mas não foi isso que aconteceu. Apesar da mudança revolucionária em sua vida, ele não abandonou a mãe e não se esqueceu para sempre do enigma da condição subalterna. Para dar conta, então, do seu caminho, é preciso considerar outra dimensão da relação com os iguais, ou seja, a formação da 'integridade humana', de uma força de caráter pela qual se torna possível resguardar a própria dignidade a despeito das circunstâncias externas, de um orgulho pessoal inquebrantável que contrapõe uma força pessoal e íntima às forças exteriores das condições objetivas de vida. Levando-o em conta, a cena de enfrentamento com a mãe modifica-se e, no lugar de um Florestan raivoso, que, incorporando um puro individualismo, retruca: "a senhora não vai me impedir de fazer o que eu quero!", pode-se imaginar um Florestan tão altivo, tão psicologicamente disposto a desafiar o existente, que promete, em silêncio, para a mãe e para si próprio: "A senhora vai ver. Eu vou estudar, vou vencer e nunca em minha vida terei vergonha da senhora".

Do "fundo do poço", do ambiente da servidão voluntária, Florestan recolheu um elemento que orientou um ajustamento complexo aos padrões civilizados de vida das camadas médias paulistanas. Apesar da felicidade com as novas condições de vida, em nenhum momento ele pareceu contentar-se com pouco. Para completar essa figuração, é preciso, portanto, considerar como um elemento muito importante a ambição de Florestan Fernandes, de dimensões equivalentes às de sua inteligência. Certamente consciente da própria capacidade intelectual, ele sonhou alto e amplo, movido por um desejo tão forte que ultrapassava as dimensões estritamente pessoais. Não se trata de propor uma leitura idealizada de sua conduta, mas de considerar a íntima relação, nessa personalidade napoleônica, entre egoísmo e idealismo. Esse viés segue a sugestão de um pequeno comentário de Antonio Candido a propósito do amigo: "Não há grande homem sem serviço aos homens, sem a prática de servir ao seu tempo, tornada possível por uma conjugação especial, quase indefinível, de expansão do-

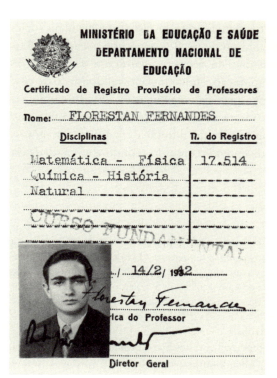

Registro provisório de professor do curso fundamental, emitido em fevereiro de 1942.

minadora do ego e dedicação total a metas fora dele (...)".[76] Psicologia e política articulavam-se inescrutavelmente, impedindo que o jovem Florestan, em plena ascendência, fosse apenas esquecendo o mistério ameaçador, desafiador, da experiência da infância. Ao "subir à superfície", Florestan rompeu com o passado e ao mesmo tempo comprometeu-se profundamente com ele, e entre as poderosas forças psicológicas envolvidas nesse processo não parece estar de todo ausente, na conformação de um austero senso de dever, um sentimento de culpa pelo abandono dos iguais que, para além de toda lealdade, são objetivamente deixados para

---

[76] Souza, 1996, p. 6.

trás à medida que Florestan conquista um outro lugar na sociedade. De todo modo, muito antes de conhecer a sociologia, Florestan tinha uma história de enfrentamento com o mistério da internalização da dominação, com a inaceitável desrazão de pessoas que agem contra a própria emancipação, uma história vivida por inteiro e de maneira extremamente tensa na infância e na adolescência, que colocava frente a frente e em mútuo antagonismo sua capacidade de entendimento do mundo e a realidade da dominação social.[77]

---

[77] É bastante conhecida a ligação entre essa experiência e uma de suas grandes obras, na qual analisa os obstáculos à integração dos ex-escravos à ordem social competitiva no Brasil moderno. "O círculo de ferro fora rompido" mas "a experiência concreta, por sua vez, não me fora inútil. Na pesquisa com Bastide, sobre relações raciais em São Paulo, eu saberia dizer por que a incapacidade de obter uma posição no sistema ocupacional da cidade pesara tão negativamente na história do meio negro na longa e penosa transição do trabalho escravo para o trabalho livre. (...) Custou-me entender o sentido profundo do comportamento dos que estavam dentro do poço. Somente mais tarde, estudando o negro, é que iria descobrir que não se tratava de uma demonstração rústica de falta de solidariedade. Era uma forma extrema de amor, de apego humano aos entes queridos (...), um modo brutal de auto-defesa do 'Nós coletivo'. Essa situação, por sua vez, voltou à minha observação mais tarde, na pesquisa com Bastide: o tema do 'emparedamento do negro'. Esse tema foi agitado pelos movimentos de protesto. Muitos não acreditavam nele, especialmente os brancos. Todavia, antes de investigá-lo em relação aos outros eu conhecera a realidade que ele evoca bem de perto e muito a fundo" (1977, pp. 148 e 150). Mas, pelo que sei, não é reconhecido, sequer pelo próprio Florestan, o vínculo entre sua experiência de rompimento com a condição subalterna por meio da ajuda de protetores e amigos oriundos de camadas sociais superiores e suas análises sociológicas baseadas na interpretação do caráter positivo e revolucionário das utopias burguesas nos processos dinâmicos de desenvolvimento social e de emancipação humana. Como exemplo dessas análises, pode-se citar a interpretação da função do liberalismo no Brasil monárquico para a expansão do ideal republicano em *A revolução burguesa no Brasil* (1974) e a exposição sobre o caráter cientificamente criador da fixação da sociologia clássica na utopia burguesa em *A natureza sociológica da sociologia* (1980).

5.
NA FACULDADE DE FILOSOFIA

5.1. UM CAMPO AUTÔNOMO

Logo no início do curso de ciências sociais, em 1941, Florestan Fernandes escreveu seu primeiro trabalho de avaliação para o professor Roger Bastide, regente da cadeira de sociologia, sobre "a crise causal na explicação sociológica".[78] Pouco familiarizado com a literatura filosófica — "eu não fiz curso de Filosofia no madureza" (p. 9) — Florestan montou o trabalho ao modo do autodidata, através de pesquisas na Biblioteca Municipal e na Biblioteca Central da Faculdade de Filosofia, tendo por principais orientadoras as próprias bibliotecárias.[79] O ensaio entregue a Bastide recebeu a nota 4,5 e o comentário que "tinha pedido uma discussão sistemática do assunto e não uma reportagem"[80] ou "que ele esperava uma dissertação, não uma reportagem".[81] Diante do resultado, o estudante viu-se frente a uma escolha — "ou devia desistir ou submeter-me a uma disciplina monástica de trabalho" (p. 156) para aproximar-se do padrão exigido.

---

[78] Fernandes, 1995a, p. 9.

[79] Cf. Fernandes, 1977, p. 156.

[80] Fernandes, 1995a, p. 9.

[81] Idem, 1977, p. 156.

O comentário de Bastide, polarizando o estudo sistemático e o jornalismo, expressa uma contraposição entre os padrões de abordagem e estilo da cultura científica e da cultura geral que marcou decisivamente a atuação dos professores estrangeiros em um certo setor da Faculdade de Filosofia. Para caracterizá-la, é preciso considerar o impacto do ambiente cultural brasileiro sobre os mestres estrangeiros e o impacto do padrão acadêmico estrangeiro, especialmente o francês, nas primeiras turmas de estudantes da Faculdade. Formados na tradição acadêmica francesa, os professores responsáveis pela implantação dos cursos na FFCL reagiam diante do que entendiam como um total alheamento da realidade por parte dos brasileiros, responsável por uma cultura de diletantes, carente de consistência, mais símbolo de diferenciação social do que meio para a produção de conhecimento. É certo que tal percepção da mentalidade local reforçou, nos professores, a ênfase nos procedimentos especificamente acadêmicos em suas atividades didáticas na Faculdade. Desse modo, a influência dos franceses, no sentido da institucionalização de um modelo de trabalho que se afirma contrariando a tradição local, tornou-se um dos aspectos mais importantes da história dessa instituição, contribuindo para definir a especificidade da experiência uspiana em âmbito nacional pelo tipo de influência que exerceu na formação de seus primeiros herdeiros e, particularmente, no modo de conceber a especificidade dos padrões acadêmicos de produção e de transmissão do conhecimento.

Exemplo maior da visão que identifica o estilo cultural local com um irresponsável diletantismo é o famoso depoimento de Claude Lévi-Strauss, professor de sociologia em São Paulo entre 1935 e 1938. Segundo ele, os estudantes "queriam saber tudo; qualquer que fosse o campo do saber, só a teoria mais recente merecia ser considerada. Fartos dos festins intelectuais do passado, que de resto só conheciam de ouvido, pois nunca liam as obras originais, mostravam um entusiasmo permanente pelos novos pratos. Seria preciso, no que lhes diz respeito, falar de moda e não de cultura: idéias e doutrinas não apresentavam aos seus olhos um valor intrínseco, eram apenas consideradas por eles como instrumentos de prestígio, cuja primazia tinham de obter".[82] Como observa Heloísa Pontes, a impiedosa avaliação de Lévi-Strauss fala do impacto que o ambiente cultural brasileiro provocava nos estrangeiros que, treinados no sistema acadêmico francês para respeitarem somente as idéias amadurecidas, deparavam em São Paulo com uma tradição cultural que batia de frente com o modelo que aqui deveriam implantar.[83] A mesma reação exasperada marca a atitude de Pierre Monbeig, professor da cadeira de geografia física e humana de 1935 a 1946, diante da ignorância confessa de Ruy Coelho sobre a cidade de São Paulo, conforme o relato deste último: "Eu me lembro do meu vestibular de Geografia. O Monbeig perguntou: 'Pra que lado cresce São Paulo? De onde sopra o vento em São Paulo?' Eu respondi: 'O Senhor sabe que eu nunca pensei nisso?' Ele disse: 'Eu estou perdido. Os senhores não sabem Geografia?' Respondi: 'Nós sabemos...' E ele: 'Mas o Senhor não tem sensibilidade pra cidade onde mora? Quais são os eixos de atividades urbanas em São Paulo? (...) O Senhor sabe que o Parque Siqueira Campos é parte da floresta primitiva de São Paulo?' E assim ele nos interessava pelo Brasil desde o vestibular. E o Bastide nos levava à macumba. Ele já se interessava pelo Mário de Andrade, pelo Barroco (...) Então o Bastide, como todos os outros professores franceses, nos endereçava ao Brasil".[84]

Em depoimento sobre sua experiência na USP, Roger Bastide expõe o mesmo tipo de diagnóstico sobre o espírito intelectual local, explicando porque priorizou as pesquisas empíricas em seus cursos de sociologia. Segundo ele, seu interesse ao assumir a cadeira de sociologia em 1938 era "desenvolver a sociologia, em primeiro lugar, porque era professor de sociologia; em segundo lu-

---

[82] Lévi-Strauss, 1981, p. 97.

[83] Pontes, 1996, pp. 149-52.

[84] Coelho, 1981-84, p. 129.

gar desenvolver na sociologia, como dizer, o espírito de uma sociologia brasileira. (...) No começo pedi muitas pesquisas empíricas, porque aqui as pessoas gostavam de uma sociologia impressionista, uma sociologia muito bonita, muito linda, mas fora da realidade. Eu pedi muitos estudos de sociologia empírica aos alunos. Mas depois, quando uma sociologia brasileira apareceu, eu pedi para fazer teoria. Dizendo que se deveria tirar da realidade uma teoria brasileira, e não impor aos fatos brasileiros uma sociologia nascida na América do Norte ou na Europa — o funcionalismo, o marxismo... Não que não se pudesse encontrar depois uma convergência, mas se devia partir das realidades brasileiras".[85]

Em seus depoimentos, Pierre Monbeig e Roger Bastide atribuem importância decisiva ao conhecimento da realidade local. Com isso não negam a perspectiva generalizante da abordagem científica, ao contrário, seguem a sistemática da racionalidade científica moderna. Sob essa perspectiva, o local e o geral não se apresentam como alternativas opostas entre si, mas como dimensões sistematicamente articuladas e mutuamente interdependentes. A ênfase na pesquisa empírica como pressuposto para a investigação sistemática e a reflexão racional e crítica remete, então, a um princípio elementar do método científico que afirma a impossibilidade da dissociação entre método, teoria e pesquisa. Em total conformidade com a perspectiva universalista da ciência, eles afirmam a exigência prioritária da observação sistemática das realidades particulares, no que incorporam a dimensão nacional da cultura e da sociedade ao campo de observação das ciências humanas e sociais.

A orientação geral que norteou a atuação dos acadêmicos europeus na Faculdade de Filosofia significou, nas palavras do filósofo Paulo Arantes, "uma transformação capital em nossos hábitos intelectuais".[86] Ela introduziu um estilo totalmente diverso

---

[85] Cardoso, I., 1987, p. 188.

[86] Arantes, 1994, p. 67.

de trabalho em um ambiente historicamente condicionado pelo passado colonial, marcado por um "apetite verdadeiramente macunaímico" (p. 72) pelas novidades gestadas nos principais centros de produção científica e cultural, de modo que "pela primeira vez estávamos aprendendo a estudar" (p. 67).[87] Nascida do desencontro da tradição acadêmica francesa com a tradição cultural brasileira, essa perspectiva marcou a atuação docente dos franceses na Faculdade de Filosofia, investindo de significados mais precisos a polarização entre uma postura propriamente científica em face de áreas especializadas do conhecimento e uma cultura geral, muito imaginativa e pouco sistemática, que se desenvolve modelarmente no jornalismo. Sem negar as diferenças que marcam os professores franceses que trabalharam na Faculdade de Filosofia, é possível delimitar tal orientação partilhada, que se afirma perante a tradição local. Não se trata de negar as diferenças teóricas, políticas e profissionais que distinguem os franceses entre si, mas de enfatizar a concordância em torno do diagnóstico da falta geral de especialização, sistematicidade e fundamentação dos estudantes, fruto, justamente, da inexistência de um espaço institucionalizado de produção do saber capaz de produzir e reproduzir profissionais especializados no manejo de técnicas de

---

[87] Segundo Arantes, o professor de filosofia Jean Maugüé, que exerceu decisiva influência sobre os membros do 'grupo *Clima*', lançou mão de um programa de propedêutica cultural para enfrentar a mentalidade local: "desenvolver na alma camaleônica dos consumidores inveterados que ainda somos, mediante o estudo sistemático da filosofia, esse espírito de razão que no limite se confunde com o *senso crítico* ainda muito longe de ser 'la chose du monde la mieux partagée' num país até então minimamente aparelhado para triar as várias correntes migratórias sobrevindas das metrópoles letradas" (1994, p. 77). Em meu entender, a discussão realizada aqui indica que é perfeitamente possível tomar, nesse trecho, a filosofia pela sociologia e Maugüé por Roger Bastide. Diferentes em muitas coisas, os franceses compartilhavam uma mesma visão fundamental acerca da questão da cultura em um país marcado pela experiência colonial.

investigação e de análise do pensamento crítico.[88] Portanto, retomando a observação já citada de Sergio Miceli, o ponto central refere-se ao fato de os docentes estrangeiros estarem "empenhados em instaurar um elenco de procedimentos, exigências e critérios acadêmicos de avaliação, titulação e promoção".[89] Serão esses os critérios decisivos para a valorização do trabalho de Fernandes, quando for reconhecido pelo seu "talento para a pesquisa", quer dizer, pelo modo como identifica-se e adere ao estilo de trabalho proposto.

A ênfase no estudo sistemático, na teoria fundamentada, na importância dos dados empíricos como o grande ensinamento dos mestres estrangeiros, definidor de um novo tipo de mentalidade intelectual, começou a ganhar visibilidade externa à faculdade exatamente no início de 1941, ano do ingresso de Florestan no curso de ciências sociais e políticas. Primeiro produto coletivo da Faculdade de Filosofia, Ciências e Letras, a revista *Clima*, lançada em maio desse ano, representou, segundo Fernandes, a criação de "um foco de agitação intelectual". Os "de dentro" alvoroçaram-se com a repercussão externa dos acadêmicos, indício claro tanto de um campo aberto para a atuação profissional dos novos intelectuais quanto da ressonância social da função crítica da intelectualidade na vida nacional.

---

[88] Para as diferenças ver Massi, 1989. Esse ponto de vista sugere também uma relativização do diagnóstico da filiação essencialmente teórica (leia-se filosófica) da USP em contraposição à orientação para a pesquisa (leia-se de campo) da Escola Livre de Sociologia e Política. Fernanda Massi, que estrutura sua interpretação das duas escolas em torno dessa distinção, não deixa, contudo, de indicar em nota baseada em Lowie que "por mais paradoxal que pareça, no contexto francês também os filósofos inspiraram o gosto pela pesquisa etnográfica: 'na França, não foi a etnografia que estimulou a teoria da cultura e, através dela, outras ciências. Ao contrário, o impulso para a investigação de campo emanou da filosofia'". Ver Lowie *apud* Massi, 1989, p. 429.

[89] Miceli, 1987, p. 10.

Patrocinada por Alfredo Mesquita, dirigida por Lourival Gomes Machado, assistente de Paul Arbousse-Bastide na cadeira de Política, *Clima* era o trabalho de um grupo de amigos, alunos da Faculdade de Filosofia: Antonio Candido de Mello e Souza, Paulo Emílio Salles Gomes, Décio de Almeida Prado, Ruy Coelho, Gilda Moraes Rocha (Mello e Souza, após casar-se com Antonio Candido). Com Mário de Andrade como patrono convidado, *Clima* afirma a identidade acadêmica de seus membros contra o diletantismo da geração anterior. Na "nota da redação" justifica-se a escolha de Mário, membro consagrado da geração modernista, pela necessidade de mostrar "*aos mais velhos e aos de fora, sobretudo àqueles que têm o mau hábito de duvidar e de negar* a priori *valor às novas gerações, que há em São Paulo uma mocidade que estuda, trabalha e se esforça, sem o fim exclusivo de ganhar dinheiro ou galgar posições*. Mocidade (...) que se interessa por coisas sérias, (...) que representa o futuro do país, (...) cujo maior, mais sério problema é, sem dúvida, o problema cultural".[90]

Mais importante para deflagar o clima de efervescência intelectual internamente à faculdade é a avaliação de Mário de Andrade no artigo "Elegia de abril". Apesar do tom reticente, expressão dos sentimentos contraditórios ligados à ambigüidade de sua situação em relação à participação nos programas culturais do Estado Novo, Mário reconhece nos moços dois aspectos de inegável progresso em relação à sua geração, "de espírito formado antes de 1914".[91] O primeiro refere-se ao profissionalismo, o segundo à consciência moral. Para Mário, os moços lançam-se profissionalmente como críticos de cultura, escrevendo prosa, promovendo, assim, uma saudável ruptura com a "tradição do livrinho de versos inaugural" (p. 8) da carreira de escritor. Isto graças à sua formação universitária nas "novas faculdades" de São

---

[90] *Clima* n° 1, São Paulo, maio, 1941, pp. 4-5, destaques no original.

[91] *Clima* n° 1, p. 9.

Paulo que, tendo o "bom senso de buscar professores estrangeiros", abriram espaço para uma "mentalidade sadia" que "desistiu do brilho e da adivinhação" (p. 8). O segundo aspecto louvável é sua "consciência da condição do intelectual" em contraste aberto, de um lado, com a inconsciência de sua geração nos anos 20 e, de outro, com a sujeição a "toda espécie de imperativos econômicos" da intelectualidade no presente, referindo-se aos que colaboram com o Estado Novo, em uma atitude de conformismo que está destruindo toda "noção moral de inteligência" (p. 9). Mário afirma sua esperança na "consciência técnica profissional" (p. 16) que está surgindo na pintura e nas ciências sociais tais como praticadas em São Paulo para a alteração desse quadro nada promissor de modo que o tom elegíaco, afinal, praticamente não atinge o grupo de críticos universitários.

Em agosto, *Clima* reproduz em seu terceiro número dois artigos de críticos consagrados saudando a nova revista paulista. Em "Sinais da nova geração", publicado no mês anterior em seu rodapé literário no jornal carioca *Correio da Manhã*, Álvaro Lins afirma que *Clima* representa "as melhores tendências de todos os jovens da nova geração brasileira" nos quais pressente a capacidade de entender "a necessidade de se apresentar harmonicamente como um 'clérigo' e um cidadão".[92] Em "A novíssima", o consagrado representante dos modernistas paulistas Sérgio Milliet destaca o "espírito construtivo" da nova geração, sua indiferença pela "demagogia filosófica" e pela "retórica literária", sua especialização como ensaístas, sua formação severa, feita de "leituras filosóficas e sociológicas" (p. 135). Todas "qualidades de primeiro plano" que ele deseja "ver se desenvolverem aceleradamente" e através das quais os "moços de *Clima*" diferenciam-se totalmente da sua geração: "Nós que pertencemos à novíssima de 22, entramos na arena literária como bárbaros iconoclastas, decididos a

---

[92] *Clima* nº 3, São Paulo, agosto, 1941, p. 144.

nos entregar com ardor ao trabalho ingente de demolição" (p. 136). A ressalva fica por conta de certo temor quanto ao efeito da "mentalidade universitária" na produção literária dos novíssimos que dão continuidade à tendência presente desde 22 entre os paulistas para a crítica em detrimento da poesia e da prosa de ficção. O perigo do "academismo de preferência ao realismo", contudo, é compensado pela "ausência do preconceito modernista, tão nefasto quanto o preconceito acadêmico" (p. 137) que, ressalte-se, é um perigo a respeito do qual Milliet adverte os críticos, antes que uma característica de sua produção.

Com tal recepção, por certo a "efervescência intelectual" dentro da Faculdade só fazia crescer. Nas avaliações de produtores culturais de primeira linha, críticos consagrados da geração modernista, ressalta a valorização do perfil intelectual dos novos acadêmicos, reconhecidos simultaneamente pela competência profissional e pelo descompromisso fundamental da crítica independente, em formulações que distinguem e articulam as dimensões interna e externa da atividade intelectual. Se, nessa ocasião, *Clima* ainda estava em sua fase "neutra" — que vai sofrer alterações no ano seguinte, com a entrada do Brasil na guerra e os remanejamentos que provoca no plano da política interna — foram os críticos da geração anterior que apontaram, desde o primeiro momento, para o significado político do descompromisso universitário em relação à política. Ao caráter especializado do diagnóstico dos professores estrangeiros, acerca da natureza impressionista do pensamento social brasileiro, que aponta para a necessidade das competências específicas como base para o desenvolvimento do conhecimento, soma-se outra dimensão, referente ao papel de liderança moral dos intelectuais na sociedade nacional, quando membros consagrados da intelectualidade reconhecem e valorizam, nos acadêmicos, o exercício da crítica independente, exclusivamente pautada pelos critérios racionais de busca da verdade que estão na base das competências acadêmicas específicas.

Ficam assim indicados alguns dos principais aspectos da mentalidade que se formou no ambiente uspiano da época, os quais, em meu entender, exerceram considerável influência sobre o modo como Florestan foi construindo sua concepção do trabalho sociológico. Eles apontam para um complexo quadro cultural e social que dá sentido ao comentário de Bastide que opõe a dissertação à reportagem ou a perspectiva do trabalho acadêmico ao enfoque jornalístico. Ele diz que uma coisa é ser jornalista e outra ser sociólogo; o que distingue os dois é o modo de trabalhar: a diferença entre a reportagem e a dissertação está no procedimento de trabalho que o tipo de texto resultante expressa. Ao escolher esforçar-se ao máximo para atingir o nível de trabalho exigido pela Faculdade, Florestan aderiu, pela primeira vez, à perspectiva científica de acordo com a concepção acadêmica representada, no episódio, por Roger Bastide.

Se é apenas com a atuação institucional do próprio Florestan Fernandes, a partir da segunda metade dos anos 40 e durante o decênio seguinte, que essa diretriz instala-se decisivamente na área das ciências sociais sob o predomínio da sociologia, no início da década de 40, ela já estava presente de forma marcante no ambiente intelectual paulistano por meio da atuação dos professores universitários e dos intelectuais formados na Faculdade de Filosofia que então começavam a conquistar espaço no cenário cultural paulista. Foi através dos professores e desse grupo específico de colegas que Florestan entrou em contato com uma concepção do professor e pesquisador profissional e especializado, intimamente associada à idéia da autonomia da cultura e da ciência, à qual ele aderiu totalmente, realizando-a de modo tão completo a ponto de superar os modelos na definição e institucionalização teórico-metodológica de uma sociologia científica que se define pela especificidade e, portanto, pela exigência de autonomia em relação aos critérios e valores de outras esferas da vida coletiva, marcadamente, da esfera institucionalizada de representação dos interesses políticos.

Os frutos dos estudos levados a cabo com dedicação total durante todo o tempo livre do trabalho como representante do Laboratório Novoterápica revelaram-se ainda no ano de 1941, nos trabalhos produzidos para as cadeiras de economia e de sociologia. "A evolução do comércio exterior no Brasil da Independência a 1940", entregue ao Prof. Paul Hugon, recebeu resposta imediata do professor. Segundo Hugon, o trabalho poderia ser o ponto de partida para uma tese de doutorado que ele dispunha-se a orientar. Por outro lado, tomando conhecimento das dificuldades econômicas do estudante, Hugon comprometeu-se a arrumar-lhe um outro emprego, mais adequado às suas aspirações intelectuais. Combinando história, estatística e análise econômica, o trabalho, segundo Florestan, "tem alguma importância para as idéias que muito mais tarde eu iria elaborar",[93] trabalhando no campo da sociologia econômica. Ele refere-se ao segundo período de sua obra, marcado pela ênfase na análise econômica dos padrões de reprodução do subdesenvolvimento. Que ele retorne a essa área muitos anos depois só se explica pelos desdobramentos intelectuais de sua carreira e pelas mudanças no cenário político nacional dos anos 60, os quais estão fora do âmbito de consideração deste trabalho.

O ponto a explorar refere-se às suas escolhas no início do curso em face de algumas possibilidades diferentes que se apresentam para ele. De fato, algum tempo depois, Hugon conseguiu um emprego para Florestan junto a uma equipe de jovens que trabalhavam para Roberto Simonsen. "Parecia-me que, se aceitasse aquele emprego, iria converter-me no que eu pensava ser, na minha ingenuidade, um 'camelo intelectual', alguém que não usa a própria inteligência para si, porém a vende para os outros."[94] Trata-se de reter, aqui, não a perspectiva dos anos 70, para a qual sua escolha baseava-se em uma concepção purista do trabalho intelectual, mas sim a força da idéia de autonomia do trabalho intelectual que no início dos anos 40 orienta sua escolha na direção da sociologia, da carreira acadêmica pura e da autonomia cientí-

---

[93] Fernandes, 1978a, p. 11.

[94] Idem, 1977, pp. 160-1.

fica. Em 1943, ao concluir o bacharelado, Florestan foi convidado pelo Prof. Eduardo Alcântara de Oliveira para ser seu assistente na cadeira de estatística e pelo Prof. Hugon para a cadeira de economia política. Apesar das vantagens econômicas dessa última proposta, ele mais uma vez declinou dos convites. Para entender essas recusas, é preciso considerar a outra alternativa aberta para o estudante na área de sociologia, pelas mãos de Roger Bastide, mas por iniciativa do próprio Florestan. Trata-se de delinear aqui alguns aspectos da sedução que a sociologia exerceu sobre ele enquanto área propícia para a atuação autônoma de um intelectual acadêmico moderno.

No segundo semestre de 1941, Florestan Fernandes entregou seu segundo trabalho de aproveitamento de sociologia, sobre o folclore em São Paulo, matéria do primeiro ano do curso de ciências sociais a cargo de Roger Bastide, mas ministrado naquele semestre por sua assistente, Profa. Lavínia Costa Villela, dada a ausência de Bastide, em viagem. Mais uma vez, o autodidatismo esteve presente, tanto na coleta de dados como na abordagem teórica. Florestan realizou a pesquisa de campo coletando diversos tipos de dados sobre o folclore paulistano em vários bairros da cidade.[95] Segundo seu depoimento, ele entregou-se àquela pesquisa "com o alvoroço de um 'primeiro amor'".[96] A familiaridade com a cultura popular — "a cultura de folk" — das brincadeiras infantis nas ruas da cidade facilitou o trabalho da coleta de dados para a qual os alunos não receberam qualquer orientação específica. Para a abordagem teórica, ele trabalhou com "uma ampla bibliografia, existente na Biblioteca Municipal, na Biblioteca Central da Faculdade (no que o sr. Raspantini me ajudou muito) e na Biblioteca da Faculdade de Direito", tendo em vista "projetar

---

[95] Brás, Bela Vista, Lapa, Pinheiros, Pari e Bom Retiro. Cf. Fernandes, 1979, p. 157.

[96] Fernandes, 1977, p. 161.

o folclore no 'meio social interno'" segundo a orientação sociológica recebida das leituras de Durkheim e Mauss recomendadas nas aulas de Bastide (p. 161). O trabalho intitulado "Aspectos do folclore paulistano: resultados de uma pesquisa de campo" apresentava, segundo Florestan, "os dados folclóricos registrados pelo autor, algumas indicações sobre manifestações similares no folclore brasileiro ou ibérico e apenas breves indicações sobre as relações das ocorrências assinaladas com a dinâmica da vida social em São Paulo".[97] A nota nove que a Profa. Lavínia deu ao trabalho não satisfez o estudante que insistiu em um "debate crítico".[98] Para Lavínia Villela, Florestan levara o enfoque sociológico do folclore longe demais. Inconformado com a explicação da professora sobre os limites da abordagem sociológica, ele aguardou a volta de Bastide e procurou-o em busca de uma reavaliação. A resposta de Bastide não poderia ser mais compensadora. Para ele, o trabalho tomara o caminho certo. O aluno não deveria abandonar a perspectiva analítica adotada, mas sim aprofundá-la ainda mais.

O episódio é decisivo na carreira de Florestan Fernandes no sentido primeiro e necessário de reconhecimento de seu valor intelectual pelos mestres no interior da academia. De fato, o trabalho sobre o folclore realizou a aproximação de Florestan com Bastide, fazendo-o identificar pessoalmente o estudante, obscurecido pelos colegas bem mais ruidosos que falavam francês e italiano e monopolizavam a atenção dos mestres estrangeiros fora das salas de aula. Na ocasião, Bastide tomou conhecimento das dificuldades econômicas do estudante e encaminhou-o a Sérgio Milliet, contato que teve por resultado uma colaboração regular no jornal *O Estado de S. Paulo*, iniciada em 1943. Além disso, Florestan teve a oportunidade de discutir a interpretação sociológica dos dados com Bastide e, paralelamente, os problemas relativos à coleta de

---

[97] Idem, 1979, p. 13.

[98] Idem, 1977, p. 161.

dados com o Prof. Emílio Willems, a quem Bastide remeteu o trabalho tendo em vista sua publicação. Willems, que nesse ano de 1941 tornou-se regente da cadeira de antropologia na Faculdade de Filosofia, Ciências e Letras, era também, como se viu, um dos diretores da revista *Sociologia*.

Segundo os relatos posteriores de Florestan, o episódio deu início a um outro tipo de vínculo do estudante com os professores e a uma outra forma de treinamento e aprendizagem. Com Bastide, ele discutiu especialmente as interpretações sociológicas dos fenômenos folclóricos e através das críticas de Willems à realização da coleta de dados não apenas conseguiu "salvar" o trabalho, mas passou a ter acesso a uma orientação mais rigorosa e específica quanto ao trato com os dados empíricos. Willems orientou-o também quanto à forma, aconselhando a reorganização do trabalho em textos mais curtos, em formato mais adequado à publicação. O fruto dessa reorganização são os dois primeiros artigos de Florestan publicados em *Sociologia* em 1942 e 1943 e rearticulados novamente em 1944 para compor *As trocinhas do Bom Retiro*, publicado três anos depois, em 1947, na *Revista do Arquivo Municipal*.

As críticas de Willems aos procedimentos da pesquisa revelaram, para Florestan, a falta de preocupação com a coleta de dados da Profa. Lavínia. Diante da avaliação de Bastide, confirmou-se sua abordagem sociológica, considerada inadequada pela professora. Sobre as orientações de Willems acerca da pesquisa de campo, ele diz: "pela primeira vez vi qual era a diferença entre o 'amador' e o 'profissional', o 'aprendiz' e o 'mestre'; e creio que aproveitei bem a lição, que iria servir de ponto de referência no meu modo de entender e praticar a pesquisa empírica sistemática como sociólogo" (p. 162). Esse sentido é enunciado em diversos momentos por Florestan Fernandes, em formulações cada vez mais explícitas do despreparo que via em Lavínia Villela em comparação com as expectativas dos estudantes, formadas a partir das referências dos professores franceses. Se é apenas nos anos 70 que Florestan expõe o sentido do evento em uma frase — a Profa.

Lavínia "estava mais perto dos folcloristas que dos sociólogos"[99] — em 1941 já estavam de todo modo colocados os principais elementos da perspectiva que começou a vir a público naquele pequeno trabalho de aproveitamento da graduação, ou seja, a caracterização e o desenvolvimento de uma perspectiva sociológica de análise do folclore e, conseqüentemente, as definições das fronteiras disciplinares que estão no cerne do confronto com os folcloristas, cujo auge ocorre na segunda metade dos anos 50.

O evento é altamente significativo, pois indica com clareza que o estudante Florestan tinha, já no primeiro ano da faculdade, uma tendência bem definida de alinhamento com uma abordagem sociológica, no sentido de descrição detalhada de um fenômeno tendo em vista entender seu significado no âmbito de uma totalidade social. Estão colocados, assim, nesse trabalho, duas diretrizes básicas: fundamentar a interpretação na análise do material empírico; e direcioná-la para um sentido geral relativo à socialização dos indivíduos de acordo com os costumes e valores de uma sociedade inserida em uma tradição cultural. Uma abordagem cuja especificidade define-se claramente mediante sua contraposição ao enfoque característico dos folcloristas que abordam os mesmos temas. Definir esse enfoque e avaliá-lo criticamente com as ferramentas da moderna investigação científica é um trabalho que Florestan começou a desenvolver nesse momento esfusiante, quando a superação da condição social subalterna e a convicção idealista identificam-se na adesão a uma concepção racionalista do mundo por ele moldada com os elementos que toma da experiência social e intelectual de seu primeiro ano de curso na Faculdade de Filosofia.

A divergência de orientação entre Bastide e sua assistente Lavínia Villela, nesse episódio, remete a outro aspecto a ser considerado na caracterização das relações intelectuais na Faculdade de Filosofia naqueles anos iniciais da década de 40. Trata-se das diferenças percebidas pelos estudantes da época entre os profes-

---

[99] Idem, 1978a, p. 10.

sores estrangeiros e alguns assistentes brasileiros, anteriormente escolhidos entre os alunos das primeiras turmas de cientistas sociais pelos professores titulares das cadeiras. Se, em 1981, Florestan pode explicar que "os assistentes não davam assistência nenhuma" porque, de fato, "eles próprios estavam intimidados" diante das exigências do padrão acadêmico estabelecido pelos mestres franceses,[100] na época de estudante, ele apreendeu a situação em termos de falta de preparo dos assistentes para suas tarefas. E não foi o único. Outros estudantes de ciências sociais viam a diferença entre os assistentes e os professores em termos de falta de preparo dos primeiros e rebelaram-se contra eles em nome da qualidade do ensino e da formação acadêmica. Florestan tomou parte da contestação e através de sua participação alcançou o primeiro reconhecimento, com base no mérito intelectual, dos colegas de origem social mais alta que monopolizavam a atenção dos professores e entre os quais destacava-se o grupo que acabara de lançar uma revista de crítica cultural.

Quando, em 1941, Florestan Fernandes entrou na Faculdade, Antonio Candido cursava o último ano e, junto com seu grupo de amigos e companheiros de estudos, lançara a revista *Clima*, despontando na cena cultural paulista como a "novíssima geração" de críticos da cultura. Para expor esta face das relações intelectuais no interior da Faculdade é obrigatório considerar as relações entre estudantes oriundos de diferentes classes sociais reunidos na academia. Como todos os alunos que entraram na universidade sem qualquer formação cultural nos padrões da elite local, oriundos de camadas sociais desprovidas de todo prestígio, Florestan experimentou a distância social entre os dois grupos. "A chamada lógica dos pequenos números não simplificou a minha trajetória, ela a complicou, tornando mais difícil a minha aceitação pelos colegas. Eu era como que um estranho e, a vários respeitos, um intruso. O núcleo daquele pequeno grupo não

---

[100] Idem, 1995a, p. 8.

só procedia de famílias tradicionais de classe média ou alta. Ele era composto por estudantes que vinham do pré e que tinham, portanto, laços intensos de camaradagem e de solidariedade intelectual. Se não se revelaram hostis, também não abriram as comportas do seu 'círculo'. Eu ficava de fora e sentia que não me cabia alterar as regras tácitas do jogo, o que tornaria o meu forte cheiro de ralé insuportável. (...) A minha visibilidade negativa era compensada pelo fato de que, em muitas aulas, convivíamos com numerosos estudantes de outros cursos. Portanto, eu ficava diluído em uma massa de estranhos, na qual havia outros intrusos" (p. 159). Ao mesmo tempo, porém, Florestan identificou-se profundamente com a realização da orientação acadêmica de que eles se revelavam capazes. Antonio Candido de Mello e Souza, cujos artigos nos jornais eram "aguardados e lidos com sofreguidão",[101] era a referência fundamental. "O Antonio Candido nunca percebera a minha presença (...). Todavia, eu o conhecia muito bem e era um dos seus leitores mais assíduos. Ele cumpria, em relação a nós, a mesma função que Mário de Andrade tivera para a Semana de Arte Moderna. Por isso, eu próprio tomei a iniciativa de escrever-lhe."[102] Antonio Candido respondeu-lhe sem muito entusiasmo. Em depoimento, ele recorda a impressão causada pelo nome e pela letra do signatário. Chamaram-lhe a atenção as simetrias do nome, indícios de alguém com um grande destino, e as letras que formavam "um batalhão cerrado e aguerrido" prefigurando a firmeza de atitude da pessoa.[103] Florestan confirma a ausência de reação de Candido, de maneira que a carta não alterou em nada a situação, embora indique claramente suas iniciativas, à época, para se aproximar dos brilhantes jovens que despon-

---

[101] Idem, 1995b, p. 96.

[102] Idem, 1977, p. 164.

[103] "Eu diria que na impressão causada pelo nome e pela letra estava inconscientemente prefigurada a noção do que seria aquele rapaz, dois anos mais moço do que eu" (Souza, 1996, p. 22).

tavam como os novos produtores culturais paulistas, de linhagem especificamente acadêmica e perfil intelectual moderno, articulando racionalidade científica e democratização social.

Se a carta não deu muito certo, a crítica ao trabalho dos assistentes foi mais frutífera. Ainda uma vez, os critérios acadêmicos da Faculdade abriam novos caminhos para Florestan afirmar-se, sobrepujando uma enorme distância sociocultural e a insegurança pessoal que dela advinha. Como ele descreve na seqüência do mesmo depoimento: "Além disso, nem tudo eram rosas. O ensino que recebíamos tinha certas deficiências e muitas delas provinham da má qualidade intelectual ou do desinteresse de alguns assistentes. Reagimos contra isso, através de uma 'conspiração'. Aqueles assistentes ficaram sob o fogo cruzado de debates infindáveis; alguém dentre nós se encarregava, organizadamente, do municiamento crítico em determinada disciplina. Cumpri o meu papel à risca. O episódio serviu, pelo menos, para mostrar que, se eu era *gauche*, também era um companheiro em quem podiam confiar e com o qual podiam contar. A partir do fim do segundo ano, em conseqüência, adquiri maior liberdade para comportar-me, diante de meus colegas, como 'um igual entre iguais'".[104] De todo modo, a única pessoa do 'grupo *Clima*' com quem Florestan desenvolveu uma íntima amizade que se iniciou com a "conspiração contra os assistentes" foi, justamente, Antonio Candido de Mello e Souza.

As primeiras conquistas intelectuais de Florestan Fernandes foram, segundo ele, devidas especialmente à "adaptação modesta" que orientou seu ajustamento ao ambiente acadêmico, ajudando-o a contornar problemas que atingiam a todos. De posse de uma consciência muito clara do que pretendia ser — um professor e um intelectual — e, o que é mais importante, das deficiências elementares de sua formação educacional, ele foi impelido a "começar pelos alicerces, pelo ABC das ciências sociais", contornando, desse modo, o medo de falhar e livrando-se de "cair na

---

[104] Fernandes, 1977, p. 159.

armadilha dos que condenavam os 'manuais'". O alto nível acadêmico dos professores estrangeiros intimidava a todos, criando "uma desanimadora barreira psicológica dentro do próprio eixo em que gravitava a nossa aprendizagem" (p. 157). Para muitos, isso resultou em uma rápida passagem "do deslumbramento à decepção", ao desencantamento em relação ao trabalho dos mestres estrangeiros e às potencialidades do curso. Segundo Florestan, dada a ausência de dinamismos intelectuais no ambiente, o problema era percebido "em termos de *absolutos*: se não nos dão o 'melhor' e se não vamos, por conseqüência, *ser os melhores*, de que nos adianta o refinamento de uma cultura européia diletante e decadente ou de uma cultura norte-americana postiça, tão emprestada quanto a nossa? Alguns colegas, como Benedito Ferri de Barros e Laerte Ramos de Carvalho, não deixavam de remoer esses percalços, atacando, às vezes aberta e francamente, o puritanismo intelectual que me levava a um aparente ajustamento zarolho". Mas "minha adaptação protetora conduzia-me em outra direção. (...) qualquer que fosse a grandeza relativa dos meus mestres, eu tinha o que aprender com eles e o que eles ensinavam ou transcendia aos meus limites ou me ajudava a construir o meu ponto de partida. Cabia-me aproveitar a oportunidade". E continua: "A leitura de Mannheim, em particular, que iniciara com intensidade já nos começos de 1942, convencera-me de que a consciência crítica, para ser criadora, não precisa ser dissolvente". Nesse depoimento sobre os dilemas intelectuais e culturais enfrentados pelos estudantes no início da década de 40, Florestan descreve, precisamente, como uma adaptação modesta, diretamente vinculada a suas origens sociais humildes, significou um ajustamento especialmente vantajoso em comparação com a postura a um só tempo crítica e desencantada de seus colegas. Estamos aqui às voltas com a tendência, há muito apontada pela sociologia, a uma adaptação conformista por parte de indivíduos oriundos das camadas subalternas, ou de situações familiares marcadas pela carência, quando conseguem ascender socialmente, inserindo-se em espaços institucionais positivamente valorizados. O desejo de identificação com a ordem institucional e de reconhecimento social comparece na descrição, remetendo-a à primeira experiência positiva de inserção no sistema formal de ensino. De fato, explicando a própria posição, Florestan acaba reafirmando aquela disposição construtiva diante do mundo, formada na época da ruptura com o submundo dos desqualificados, quando ele retomou os estudos no Colégio Riachuelo. Nessa linha de considerações, pode-se inverter o seu comentário sobre Mannheim, notando que o jovem leitor estava especialmente disposto a ser convencido sobre as possibilidades positivas e edificadoras da ciência moderna. Movido pelo espírito da construção — que era, em um primeiro nível, construção de si mesmo — Florestan integrou-se de forma especialmente harmônica ao curso e entregou-se ao cumprimento exemplar das tarefas acadêmicas recebendo, em troca, e quase imediatamente, o reconhecimento institucional por sua dedicada adesão.

Segundo outro relato de Florestan, ainda em 1942, quando ele cursava o segundo ano e estava em vias de publicar seu primeiro artigo sobre o folclore, Fernando de Azevedo telefonou para sua casa, isto é, para a casa dos Castro com quem, como se viu, ele morava na época. Ivana Pirman de Castro lhe deu o recado que o Dr. Fernando de Azevedo queria falar com ele. Florestan temeu que fosse um engano, o Prof. Fernando de Azevedo em pessoa ligar pra casa dele! Quando Florestan telefonou de volta, Azevedo explicou que soube por professores da Faculdade que ele era um aluno especial e que seus trabalhos sobre o folclore estavam sendo muito comentados. Por isso, tomava a liberdade de procurá-lo para oferecer sua ajuda, incluindo sua biblioteca, sua orientação e o dinheiro que ele necessitasse para resolver qualquer problema. Segundo Florestan, foi Emílio Willems que disse a Fernando de Azevedo que o estudante "tinha talento de pesquisador".[105] Com sua reserva típica, Florestan Fernandes declinou da oferta de ajuda financeira e afirmou estar "muito comovido com o que está acon-

---

[105] Idem, 1995b, p. 186.

tecendo" (p. 187). Fernando de Azevedo disse-lhe que fosse visitá-lo na Companhia Editora Nacional, na qual ele dirigia a Biblioteca Pedagógica Brasileira. Florestan relata como, atendendo ao convite, foi recebido como "um velho amigo". O professor queria conhecer suas idéias e sua pessoa e ele deveria voltar quando quisesse.[106] "Voltei lá diversas vezes", estabelecendo-se, assim, uma relação que tem, pouco tempo depois, importância fundamental para o início de sua carreira de professor da Faculdade de Filosofia.

De acordo com Florestan, foi o Prof. Fernando de Azevedo quem lhe "instigou uma ambição que não carregava comigo: a de ser algum dia professor da Faculdade de Filosofia".[107] Tudo se passou, conforme seus relatos, em um trajeto de vinte metros de um corredor da Faculdade, ou seja, do 3º andar da Escola Normal da Praça da República: "certa ocasião, quando Fernando de Azevedo já era diretor da Faculdade de Filosofia,[108] encontrei-o andando pelo corredor, cercado, como sempre, por uma plêiade de pessoas. Ele se impunha com aquele ar nobre, como se fosse um príncipe da corte de Luís XIV guiando seu séquito. Então, ele me atraiu como um protegido e disse: 'O que você acha da Faculdade de Filosofia?' 'Eu acho a Faculdade de Filosofia a escola mais importante que temos hoje no Brasil.' 'Você gostaria de pertencer à Faculdade de Filosofia?' 'Bom', respondi, 'gostaria, mas esse é um objetivo muito difícil' (...) 'É muito complicado abrir as portas da Faculdade de Filosofia para uma pessoa como eu'. E ele, com aquele ar decidido: 'Isso nós veremos'" (p. 187).

Em 1943, Florestan publicou seu segundo artigo sobre o folclore infantil e outro sobre congadas e batuques, fruto de uma coleta de dados realizada em Sorocaba em 1942 para o curso de Antropologia I; ambos na revista *Sociologia*. Em julho, ele estreou

---

[106] Cf. também Fernandes, 1977, p. 163.

[107] Fernandes, 1995b, p. 188.

[108] Fernando de Azevedo foi diretor da FFCL de 1941 a 1943. Em 1947, tornou-se chefe do Departamento de Sociologia e Antropologia.

n'*O Estado de S. Paulo*, com três artigos sobre o preconceito de cor, parcialmente baseados em dados coletados no ano anterior e posteriormente reunidos sob o título *O negro na tradição oral*. Também em 1943, Antonio Candido, a essa altura já trabalhando na Faculdade como assistente de Fernando de Azevedo na cadeira de sociologia II, estreou seu rodapé literário na *Folha da Manhã*. Entretanto, o grande acontecimento do ano foi o início do inquérito organizado por Mário Neme para *O Estado de S. Paulo* sobre o pensamento de 29 escritores representativos da "geração dos moços intelectuais do Brasil".[109] Desde a apresentação de seu organizador, o Inquérito ressalta a importância das relações entre cultura e política, uma problemática que começava a ganhar mais espaço no bojo das transformações da conjuntura política nacional provocadas pela entrada do Brasil na Guerra, ao lado dos aliados, enquanto, no nível da política interna, mantinha-se uma forma de governo de perfil antidemocrático. Assim é que Mário Neme afirma que o Inquérito sobre os princípios, idéias e pontos de vista dos jovens intelectuais certamente foi prejudicado pois "sua condição primeira teria que ser forçosamente a mais irrestrita e até desordenada liberdade de dizer as coisas" (p. 7). Entre os jovens intelectuais brasileiros convidados a prestar seu depoimento, o jornal incluiu quatro proeminentes membros do 'grupo *Clima*', Lourival Gomes Machado, Paulo Emílio Salles Gomes, Ruy Coelho e Antonio Candido de Mello e Souza. A essa altura, a revista *Clima* já estava em sua segunda fase, com um formato mais flexível e, nas palavras de Candido, ideologicamente orientada "no sentido de um certo radicalismo de esquerda democrática",[110] no que contribuía para delinear a nova tendência ideológica discernível na conjuntura nacional, ligada às mudanças no ambiente repressivo do governo ditatorial de Vargas, condicionadas pela política externa, e ao debate, de grande densida-

---

[109] Neme, 1945, p. 7.

[110] Souza, 1980, p. 165.

de moral, em torno dos sistemas socioeconômicos e dos regimes políticos em confronto no cenário mundial, o capitalismo e o socialismo, o fascismo e a democracia. As mudanças no contexto político significaram a possibilidade de repor em outros termos a questão do papel do intelectual na sociedade nacional, permitindo formulações polarizadas em torno do modo como eles deveriam orientar sua atuação crítica e conceber sua função de liderança social. Trata-se do problema que está no cerne do debate sociológico dos anos 50 entre Florestan e Guerreiro Ramos, acerca das relações entre ciência e política e universalidade e particularidade nacional e que já é discernível, como questão, nos depoimentos dos acadêmicos uspianos no Inquérito de 1943.

A contraposição à tradição cultural local e ao perfil intelectual da geração anterior continua sendo o ponto fundamental na autodefinição dos membros da "novíssima", como, por exemplo, no depoimento de Lourival Gomes Machado. Segundo ele, os acadêmicos vêem na cultura algo imprescindível, "alimentar", e portanto buscam "fazer uma cultura mais sistemática",[111] muito diferente daquela de "há algum tempo atrás, quando passava por um sinônimo de penduricalho ornamental" (p. 25). Atuando nesse sentido, a Universidade vem funcionando como o núcleo desse "bom uso da cultura" (p. 26), possibilitando a experiência de seu ensino sistemático em substituição a um ensino que tem por único objetivo que os estudantes decorem as normas de uma profissão. Sofre, contudo, a academia com a incompreensão daqueles que não crêem nessa possibilidade e ofendem-se com o trabalho dos moços que saem das escolas, tachando-lhes de "grãfinos" e "reacionários (...) porque não lhes passa pela cabeça que haja indivíduos que sejam pobres e limpos, antinazistas e abstêmios" (pp. 26-7). De fato, para Lourival, as polarizações ideológicas e intelectuais desafiam os acadêmicos que vêm, dolorosamente, tomando consciência da unidade em um cenário marca-

---

[111] Neme, 1945, p. 26.

do pela dualidade. Por todo lado, seja "na Faculdade ou no Tiro de Guerra", há "os universais e os locais — quase assim como equipes de futebol". Cabe pois à nova geração, "suspensa entre os extremos termos do binômio", buscar a atitude correspondente ao equilíbrio por meio da "ponderação rigorosa" da situação, pois "no campo da inteligência, só pode haver equilíbrio se houver conhecimento" (pp. 24-5). Quanto a esse ponto, o quadro é promissor, já que "nunca houve por aqui tanta vontade de conhecer como agora", vontade que vai constituindo-se em uma forte tendência que gradualmente enraiza-se na cultura local, formando uma nova tradição.

A crítica da tradição cultural e a defesa da nova mentalidade universitária, identificada aos modernos processos de investigação científica, reaparecem nos outros depoimentos dos membros do 'grupo *Clima*', com ênfases variadas. Delineando uma posição extrema, entretanto, Paulo Emílio Salles Gomes não confere quase nenhuma importância a esse aspecto da discussão, concentrando-se nos problemas especificamente políticos de "uma geração sem unidade ideológica" (p. 292). Dessa ótica, realiza um balanço do "pensamento dos vários grupos em que estão divididos os jovens intelectuais da nova geração" (p. 292), demonstrando maior interesse pelos setores de esquerda, responsáveis por "um forte movimento de opiniões e de idéias" que "se desenha cada vez com maior nitidez" (p. 281), revitalizando o cenário nacional em um país ainda sem vida política. Como característica geral desses setores, Paulo Emílio aponta "uma preocupação fundamental com os problemas brasileiros, tanto no plano teórico quanto no prático. (...) Devido à extrema pobreza do Brasil em matéria de idéias, o interesse se concentra nos elementos existentes da história e da economia de nosso país, na colheita de novos materiais e interpretação correta dos existentes. (...) De uma maneira geral a atmosfera é de estudos" (p. 290). Após discutir o socialismo e as vertentes do posicionamento político de esquerda, no quadro internacional e nacional, Paulo Emílio finaliza seu texto com "algumas sugestões" aos governantes e às oposições liberais e radicais no Brasil: a anistia, a liberdade de imprensa e a liberdade de organização política para as oposições, condições necessárias para a criação da "atmosfera arejada" das discussões amplas e, portanto, mais eficazes.[112] Para o proeminente crítico de cinema, a política é a dimensão mais importante do debate intelectual do momento e, por isso, ao considerar as perspectivas abertas para a nova geração, não se detém em suas possibilidades de atuação no campo específico das produções culturais: "estou, aliás, convencido de que por maiores que sejam as realizações que possam estar reservadas à minha geração no campo literário, artístico e científico, esse conjunto não pode deixar de aparecer como um detalhe, diante do destino político, militar e religioso, de uma juventude chamada a participar do desaparecimento de um Brasil formal e do nascimento de uma nação" (p. 293). Entre os "muitos problemas" ainda por considerar, Paulo Emílio cita como exemplo "a questão da participação do intelectual e da torre de marfim, de que se fala tanto hoje e que tem sido sempre desenvolvida de uma maneira errada" (p. 293). Contudo, ele restringe-se à sua indicação, já que ela faz parte do conjunto de questões secundárias em relação aos problemas prioritários da prática política.

Também no depoimento de Antonio Candido, está presente de forma marcante a preocupação com a questão política, tanto no contexto mundial, marcado pela Guerra em andamento, como, especificamente, no cenário nacional, caracterizado por uma profunda confusão de posições, geradora de "entusiasmos nervosos" e "desesperos bruscos". Contudo, ela é formulada enquanto uma questão interna à própria dimensão cultural, a ser considerada na produção específica dos artistas e intelectuais, e não como questão da esfera política institucionalizada, necessariamente formulada da perspectiva da atuação partidária. Assim, às considerações acerca da desordem social e política da vida nacional, segue-se o elogio ao poeta Carlos Drummond de Andrade que, com o seu

---

[112] Cf. Neme, 1945, pp. 292-3.

Sentimento do mundo, de 1940, realizou modelarmente "o sentido do momento" (p. 32), inserindo a crítica à ordem política dentro da poesia, sem prejuízo do senso estético. Verdadeiro ensinamento sobre as possibilidades da poesia participante, Drummond realizou, segundo Candido, uma conciliação exemplar entre valores artísticos e ideais políticos, mostrando para sua geração o caminho de uma verdadeira arte engajada na qual a crítica da ordem circula em formas esteticamente vigorosas. Assim, o "sentido do momento" para Candido não aponta para a atuação partidária, na esfera da política institucionalizada, mas para a inserção da dimensão ideológica e política no interior da produção cultural, colocando assim o sentido político como uma das dimensões alcançadas pela prática intelectual do senso crítico e do discernimento racional, ou seja, pelo tipo de atuação que define, simultaneamente, a especificidade e a autonomia do campo da cultura. Sob esse enfoque, os compromissos políticos implicados na atividade do "poeta-funcionário" na esfera da administração federal não têm qualquer importância para Candido, que não faz qualquer referência ao fato de Drummond ser chefe de gabinete do Ministério da Educação do governo Vargas (cargo que, aliás, impediu o lançamento comercial de *Sentimento do mundo*, que circulava em cópias tiradas de uma pequena edição, encomendada pelo próprio autor).

Para Antonio Candido, a geração de jovens intelectuais de São Paulo, na qual ele já inclui explicitamente Florestan Fernandes, define-se como "uma leva de espíritos críticos ou de sensibilidades voltadas para a vasta problemática que o mundo moderno está abrindo para o homem" (p. 34). Considerando a problemática moderna da perspectiva da "crítica analítica e funcional" (p. 35), a nova geração "encara a atividade intelectual como um estudo e um trabalho que sejam instrumentos de vida", uma atividade que exige revisão permanente e o "ataque sem dó ao individualismo".[113] A dedicação ao exercício da crítica e da análise

---

[113] Neme, 1945, p. 34. Essa observação liga-se à crítica ao dilentatismo

revela que "todos sentem a necessidade de analisar o seu tempo, de explicá-lo, de esclarecer as contradições que se vão tornando cada vez mais agudas no nosso desenvolvimento intelectual e no nosso desenvolvimento histórico". Estão eles, desse modo, empenhados em "um grande e belo esforço de tomada de consciência" em uma "época de grande tensão moral e de muito angustioso sentido de responsabilidade" (p. 36). Nesse movimento de conscientização dos problemas do mundo moderno, os jovens intelectuais paulistas resguardam a própria independência, mostrando-se, assim, "sobretudo, desapegados de certos comodismos e de certos compromissos em que se atolaram ou ainda estão se atolando muitos dos nossos maiores" (p. 36). E isso porque eles definem-se como "críticos e estudiosos 'puros', no sentido de que, neles, dominará sempre esse tipo de atividade" (p. 34).

Quanto ao rumo a seguir "no terreno das idéias", afirma Candido que "nossa tarefa máxima deveria ser o combate a todas as formas de pensamento reacionário", em um momento em que "a Reação se insinua por todo canto nos domínios da inteligência, e em um trabalho monumental de obstrução breca em todas as curvas a expansão do progresso humano e da inteligência livre" (p. 37). Talvez essa luta possa ajudar a superar o medo "que nos toma a todos de estarmos sendo inferiores à nossa tarefa; de não conseguirmos fazer algo de definitivamente útil para o nosso tempo". Não configurando propriamente um critério para afastar o medo, o combate ao pensamento reacionário "nos ajudaria muito a ficar livres dele. E a podermos dormir em paz" (p. 40). Contudo, note-se bem, trata-se de um combate no terreno das idéias. Pois "não nos compete assumir uma cor política qualquer e descer à rua, clamando por ação direta. Cada um com suas armas.

---

e à irreverência da geração modernista, um tema importante no depoimento de Candido que desenvolve a controvérsia com Oswald de Andrade, detendo-se na consideração crítica de seus últimos comentários provocadores sobre os acadêmicos paulistas.

A nossa é essa: esclarecer o pensamento e pôr ordem nas idéias". São essas as armas de uma necessária "guerra sem trégua aos mitos intelectuais reacionários que úteis a seu tempo se prolongam hoje em dia como obstáculos à marcha do progresso" (p. 37).[114]

No depoimento de Antonio Candido encontram-se, portanto, formulações programáticas de uma atuação intelectual que, por meio do senso crítico formado no exercício de uma competência cultural específica, conquista as condições de realização de uma crítica socialmente abrangente mas autônoma, pautada pelos critérios exclusivos do campo da cultura. Desse modo, Candido relaciona cultura e política em uma articulação situada internamente ao campo da ciência e da arte; uma construção que, afirmando substancialmente a natureza específica das atividades e dos compromissos desse campo, delineia as possibilidades de uma crítica radical dos problemas da coletividade e, assim, os contornos do papel de liderança social da intelectualidade. Desenha-se assim um tipo de atuação que conquista alcance político na medida em que se nega como ação política direta, que tende a uma perspectiva politicamente radical como resultado da fidelidade aos valores e critérios específicos de seu campo, definido pela crítica racional e pela busca da verdade e da beleza. Trata-se pois de uma formu-

---

[114] Um dos três "mitos intelectuais reacionários" trabalhados por Candido é a tendência da sociologia cultural de, com seu enfoque funcional, defender a inevitabilidade de todo elemento de um ciclo cultural encarado como uma totalidade basicamente harmônica "em detrimento do raciocínio que tende a revelar suas desarmonias. (...) Veja o nosso mestre Gilberto Freyre — a que ponto leva seu culturalismo. Suas últimas obras descambam para o mais lamentável sentimentalismo social e histórico (...). O mesmo movimento que o leva a gostar das goiabadas das tias (...) o leva gostosamente a uma democracia patriarcal", em um bom exemplo do modo como o "método cultural carrega água para o monjolo da Reação" (p. 39). Interessa notar que a crítica ao culturalismo de Gilberto Freyre é um dos temas presentes nos artigos sobre o preconceito de cor no Brasil com os quais Florestan Fernandes inicia sua colaboração n'*O Estado de S. Paulo*, nesse ano de 1943.

lação do papel do intelectual moderno que radicaliza a perspectiva política na medida em que aprofunda a afirmação da especificidade do funcionamento do mundo da criação cultural. Nas formulações de Candido, a "torre de marfim" não aparece como o contrário da participação social da intelectualidade, mas como uma condição intelectual e histórica para a conformação da modalidade especial de participação autônoma e, portanto, potencialmente radical, que uma intelectualidade "pura" tem a capacidade e o dever de praticar. Ao amadorismo da intelectualidade nacional, Candido adiciona o conservadorismo e o comprometimento político, de modo que a tarefa dos jovens intelectuais "puros" define-se pelo enfrentamento, a um só tempo, do dilentatismo e do conservadorismo que marcam o cenário intelectual brasileiro.

Entre Paulo Emílio e Antonio Candido, Florestan alinhou-se claramente ao último, apropriando-se de sua concepção do intelectual moderno em uma formulação própria que pode ser sinteticamente descrita como crítica científica da sociedade. Ora, para haver crítica científica é preciso que haja ciência. Construí-la, eis a tarefa fundamental, que se torna distintiva de sua posição e da natureza da colaboração que ele tem condições de dar para um projeto maior. A consideração da trajetória intelectual de Candido e Florestan efetivamente permite tomá-los como representantes exemplares da contraposição entre a atividade cultural e a atividade científica. Contudo, essa configuração não pode fazer esquecer que estamos diante de duas vertentes que se desenvolvem a partir de uma mesma concepção sobre a atuação do intelectual nas sociedades modernas. Um mesmo projeto, duas formas de realização. Aderindo a uma posição cientificista, Florestan projeta a possibilidade de uma realização radical do radicalismo proposto por Candido. No contexto político-cultural em que está inserido, o projeto de Florestan, de inspiração durkheimiana, de fincar as bases da ciência da sociedade apóia-se na idéia de que a principal tarefa da inteligência é conhecer e explicar a realidade existente de forma que se criem as condições de possibilidade para a transformação do estado dado de coisas, marcado pela irracionalidade da desigualdade e da dominação, essa corrupção do projeto social moderno que aguarda ainda o momento de sua efetiva institucionalização.

Finda a graduação, Florestan recusou os convites do Prof. Paul Hugon e do Prof. Eduardo Alcântara de Oliveira para trabalhar como assistente nas cadeiras de economia política e de estatística, respectivamente. Ao convite de Fernando de Azevedo para ser seu 2º assistente de sociologia II, entretanto, Florestan respondeu com um questionamento que ele reconstrói em 1994: "'Dr. Fernando, o senhor tem toda a responsabilidade neste convite. O senhor está convidando um aluno... eu não sou um professor. O senhor deveria chamar um professor, essa é a sua responsabilidade. Se eu falhar, aí o senhor não pode transferir a culpa para mim.' Ele levou um susto. Acho que, pela primeira vez na vida, se deu conta de que não se convida um assistente aleatoriamente. E quem me salvou foi Antonio Candido".[115] Fernando de Azevedo, "naquela perplexidade, estava mais ou menos inclinado a dizer: 'Acho que você tem razão, é melhor procurar outro assistente'. Aí Antonio Candido disse: 'Olha, Dr. Fernando, nós todos sabemos muito bem que o Florestan é burro, que não sabe nada, que incompetente não pode ser assistente.' Dr. Fernando deu uma gargalhada e o convite ficou acertado" (p. 189).[116]

Para Florestan, o episódio ilustra o caráter de Fernando de Azevedo "que não tinha os preconceitos que depois se instalaram

---

[115] Fernandes, 1995b, p. 189.

[116] O episódio é rememorado nos mesmos termos em outros depoimentos: "Eu, desastradamente, fora tão convincente, argumentando contra as inconveniências de um jovem, que mal terminara o curso, ser convidado para um lugar de tamanha responsabilidade, que o Dr. Fernando hesitou. Não fora a intervenção providencial de Antonio Candido e eu iria trabalhar, mesmo, na cadeira de economia" (1977, p. 164). Cf. também 1995a, p. 9, onde Florestan reafirma: "não fosse o Antonio Candido, eu teria perdido o convite".

na Faculdade. Eu próprio só procurei assistentes dentro de um circuito muito fechado de alunos. Com critérios estritos, sem essa amplitude de visão *a posteriori*, muitos anos depois, descobri que, se tivesse agido de outra maneira, os resultados provavelmente seriam os mesmos ou, quem sabe, até melhores" (pp. 189-90). A comparação consigo mesmo serve ao propósito de enfatizar a audácia que ele quer apontar na postura de Fernando de Azevedo, capaz de "ir além das normas e até do bom senso" (p. 190). Ela implica uma autocrítica de Florestan quanto ao próprio rigor de critérios e estrito cumprimento das normas no desempenho de tarefas de direção acadêmica e didática. O mesmo rigor que o orienta, perigosamente, para o questionamento do convite. Entretanto, a autocrítica não aparece no trecho anterior, que relata o episódio, já que, para Florestan Fernandes, diante de sua contestação, Fernando de Azevedo "pela primeira vez na vida, se deu conta de que não se convida um assistente aleatoriamente". Como em relação a vários outros aspectos relativos a critérios e diretrizes acadêmicos naquele primeiro período, as posições de Florestan oscilam entre a crítica do que era feito e a justificativa das concepções que davam sentido a tais escolhas naquele contexto.

De certa ótica, pode-se tomar a cena como figuração emblemática da experiência social de Florestan Fernandes. Nela, Fernando de Azevedo representa a proteção dos superiores, o vínculo tradicional característico do dominador com o subalterno. A reação de Florestan, no mesmo movimento que quer superar o protecionismo que se imiscui no convite, certificando-se de seu caráter impessoal, retém ainda um traço da humildade distintiva do dominado que, internalizando a condição subalterna, desqualifica a si mesmo, afirmando-se como despreparado, incapaz e inferior, repondo assim a desigualdade dos interlocutores. A duplicidade de registro é confirmada pela resposta de Fernando de Azevedo que ao invés de, "como um príncipe da corte de Luís XIV", acatar o reconhecimento implícito na conduta do protegido, jogando o jogo social, adota o padrão moderno de reconhecimento objetivo da validade racional do argumento, encarnando as complicadas combinações locais dos ideais tradicionais e modernos, a complexa mistura de liberalismo e paternalismo dos protetores da infância e da juventude de Florestan, cujo apoio possibilitou a inserção do jovem socialmente desqualificado nas estruturas da organização social, apesar da ausência, na sociedade paulistana da época, de canais institucionalizados de ascensão pelo mérito pessoal. O personagem de Antonio Candido resolve o impasse por meio da expressão do valor maior de um campo cultural independente, o reconhecimento baseado, exclusivamente, na consideração do mérito e do desempenho individuais. Desse modo, em uma intervenção capaz de esvaziar a cena da dramaticidade social representada pelos outros dois personagens, às voltas com combinações tortuosas de diferentes registros de reconhecimento e padrões de relação social, Candido encarna o campo intelectual moderno, enquanto lugar institucional que oferece as condições de superação da ambigüidade das relações da juventude com os protetores oriundos de camadas sociais privilegiadas.

Consideradas a partir de outra perspectiva, as descrições do episódio expressam ainda outros traços distintivos da posição e da personalidade de Florestan Fernandes, pondo em cena sua extrema lealdade a certos princípios de conduta por ele identificados a uma postura objetiva e criteriosa diante de toda e qualquer situação. Estando em jogo a própria carreira, em um patamar apaixonadamente almejado, Florestan questionou a avaliação de Fernando de Azevedo sobre suas aptidões para o trabalho. O motivo mais evidente é sua insegurança intelectual. Ele próprio refere-se a ela o tempo todo e chega a falar em "estado de pânico" para descrever seus sentimentos no início da carreira universitária.[117] Mas é preciso observar que a insegurança de Florestan é, simultaneamente, uma grande autoconfiança. Ao questionar Fernando de Azevedo, ele posicionava-se criticamente frente à situação,

---

[117] Cf. Fernandes, 1977, pp. 167-8.

oferecendo uma demonstração exemplar de rigor e objetividade que, devidamente compreendida pelo mestre, comprovaria e reforçaria a correção da escolha do novo professor. O interlocutor deveria reconhecer o valor da postura crítica do jovem intelectual, discordando do conteúdo explícito do comentário.

Como se viu, algum tempo antes, Fernando de Azevedo havia acenado com a possibilidade de incorporá-lo ao corpo docente da Faculdade. Florestan aguardava, ansioso, a confirmação do convite anunciado de Fernando de Avezedo enquanto declinava dos convites de Hugon e Oliveira para as cadeiras de economia política e estatística, respectivamente. A última coisa que ele realmente pretendia era rejeitar a proposta para a assistência da cadeira de sociologia II. Por seu lado, Fernando de Azevedo tinha um profundo interesse na incorporação do brilhante jovem à Faculdade de Filosofia. Alguém como Florestan corporificava o sucesso do projeto da Universidade, prova viva do funcionamento do mecanismo de seleção de pessoas talentosas em todas as camadas sociais para a criação de uma elite intelectual democraticamente recrutada.

Segundo o relato de Florestan, ocorreu que o seu argumento era tão bom que convenceu Fernando de Azevedo. Buscando demonstrar rigor e capacidade crítica, ele foi tão bem sucedido que quase pôs tudo a perder. Hesitando diante do argumento convincente, reconhecendo, além da postura crítica admirável, também a validade do pensamento, Fernando de Azevedo levou Florestan demasiadamente a sério, transformando o diálogo em uma cilada para os dois interlocutores, ameaçados em seus desejos pela própria conduta. Surpreso com a reação do estudante talentoso, de quem provavelmente esperava, ao contrário, que respondesse ao convite falando da honra que era aceitá-lo, Fernando de Azevedo, sem saber o que fazer, levou a sério o interlocutor, surpreendendo-o e criando uma situação que ninguém ali desejava. A intervenção de Antonio Candido teve por efeito exatamente deslocar o eixo da conversa dos critérios objetivos de seleção de assistentes para a inteligência e a competência de Florestan Fernandes, realizando o movimento que, na estratégia mal calculada de Florestan, deveria ser feito por Fernando de Azevedo. O argumento invertido e irônico de Candido quebrou, com eficácia, a armadilha e a gargalhada de Fernando de Azevedo anunciou o alívio geral. Nos vários relatos, Florestan afirma e reafirma que foi salvo por Antonio Candido. Mas ele não diz que Antonio Candido salvou-o expondo, por absurdo, o equívoco no qual se emaranhavam ele e Fernando de Azevedo com aquela abordagem rigidamente criteriosa do problema. Em suas descrições, no entanto, o sentido da ação de Antonio Candido é clara: com domínio bem calibrado da conduta adequada à situação, ele reajusta o enfoque da conversa, anulando a tensão criada pelos outros dois personagens, às voltas com dificuldades geradas pelo desencontro de expectativas quanto ao modo de reagir ao interlocutor e pela austeridade com que encarnam a adesão aos valores da racionalidade.

Para Florestan, muitos anos depois, o episódio serve ainda e sempre como expressão de seu rigor exemplar. Ele reconhece que foi desastrado, mas os sentidos mais importantes para ele continuam sendo, de um lado, a integridade intelectual de sua atitude e, de outro, a validade de seu argumento que, apesar de, naquela situação, ser decisivamente "melhor do que a encomenda", era, ao fim e ao cabo, um ótimo argumento. A questão substantiva dos critérios de seleção é abordada secundariamente e, como já indiquei, de modo ambíguo. Nesse episódio especialmente importante para Florestan, ele descreve, fundamentalmente, a amplitude da própria integridade intelectual, que aí aparece como traço distintivo de sua conduta desde o momento inaugural de sua carreira acadêmica. Desse modo, o que para outros poderia ser uma lembrança da inexperiência da mocidade, a orientar uma visão crítica da própria ortodoxia ao expor uma situação quase cômica, que lembra a observação de Mário de Andrade sobre os paulistas, capazes de uma gravidade tão profunda que se torna burra, é, para Florestan Fernandes, essencialmente, motivo de orgulho. Um sentimento de dignidade pessoal e intelectual, diante da clara demonstração da fidelidade do sujeito aos ideais da reta conduta, sobrepõe-se totalmente à percepção do desencontro entre a postura idealista e as circunstâncias específicas da situação concreta em questão. Em conseqüência, esse interessante episódio configura-se como mais uma indicação de que, em uma tentativa de interpretação compreensiva de uma personalidade como a de Florestan, deve-se levar em conta, sim, a insegurança, mas também a autoconfiança que advém de uma conduta idealista, pautada por um rigor alimentado pela lealdade e devoção do sujeito a valores gerais e suprapessoais.

Mais uma vez, enfatizo o idealismo de Florestan Fernandes enquanto aspecto complementar ao auto-interesse — e não como seu contrário ou representação distorcida. Retomando o pequeno comentário de Antonio Candido, já utilizado em passagem anterior, trata-se de conceber a articulação profunda entre egocentrismo, interiorização de sentimentos coletivos e dedicação a valores gerais. A dificuldade é que tal perspectiva contraria uma concepção teórico-metodológica clássica do pensamento sociológico que, na busca de uma abordagem propriamente científica dos fenômenos sociais, alinha-se à exigência da superação das aparências para revelar, por trás delas, os verdadeiros condicionantes das condutas dos indivíduos em sociedade. Na história da constituição de um enfoque especificamente sociológico de análise, a busca da essência que se oculta por trás das aparências toma a forma de uma forte oposição a todo valor explicativo das representações individuais, tomadas como racionalizações e justificações posteriores de uma experiência condicionada por aspectos objetivos que determinam, inclusive, as próprias representações. Explicando essa posição, Bourdieu, Chamboredon e Passeron indicam sua presença nas três vertentes teóricas clássicas, revelando, assim, uma afinidade teórico-metodológica básica para além das diferenças relativas às teorias do sistema social. Nas diretrizes teórico-metodológicas de Durkheim, Marx e Weber encontra-se, segundo eles, a formulação propriamente sociológica do princípio do determinismo metodológico na idéia da predominância explicativa das relações objetivas entre condições e posições sociais e institucionais sobre as representações dos agentes.[118] Obviamente, não se trata aqui de questionar um dos princípios elementares da perspectiva sociológica; tampouco de discutir o assunto em termos gerais, mas de situá-lo em relação aos problemas específicos que se colocam para uma interpretação da biografia-trajetória de Florestan Fernandes por meio de seus depoimentos. Não é por acaso que os termos dessa discussão circunscrita são colocados por pesquisadores que, estudando pequenos grupos, deparam-se com a questão das relações entre ideais coletivos e comportamentos individuais.

A partir de uma experiência de pesquisa com estudantes de medicina, Howard Becker descreve o problema do seguinte modo: "Os valores de qualquer grupo social são um ideal do qual o comportamento real pode às vezes se aproximar, mas raramente incorpora integralmente. Para lidar conceitualmente com a tensão entre o ideal e a realidade, há duas atitudes polares possíveis em relação aos valores. Os indivíduos podem ser idealistas, aceitar os valores ardentemente e de todo o coração, sentindo que todos podem e devem segui-los e que são não só 'certos' como 'práticos'. Ou ser cínicos, concebendo os valores como absolutamente não práticos e impossíveis de serem seguidos; podem achar que qualquer um que aceite estes valores de coração está enganando a si mesmo, e que é preciso fazer concessões para atender as exigências da vida cotidiana".[119] Se "provavelmente

---

[118] "(...) a polêmica de Durkheim contra o artificialismo, o psicologismo ou o moralismo não é senão o reverso do postulado segundo o qual os fatos sociais 'têm uma maneira de ser constante, uma natureza que não depende da arbitrariedade individual e da qual derivam as relações necessárias' (...). Marx não afirmava outra coisa quando sustentava que 'na produção social de sua existência, os homens travam relações determinadas, necessárias, independentes de sua vontade', e também Weber o afirmava quando proscrevia a redução do sentido cultural das ações às intenções subjetivas dos atores" (Bourdieu, Chamboderon e Passeron, 1994, p. 30).

[119] Becker, 1993, p. 79.

o caso mais comum é que as pessoas se sentem das duas maneiras ao mesmo tempo em relação aos valores de seu grupo; ou de uma maneira em algumas situações e de outra maneira em outras", o problema para o pesquisador é: qual dessas disposições de espírito ele está procurando nas pessoas? Qual delas ele quer trazer à tona em sua investigação? Quando, em função do modo como concebe seu problema de pesquisa, o investigador pretende buscar as disposições idealistas, deve enfrentar uma resistência que procede de seu próprio sistema de hábitos intelectuais. Nos termos de Becker, "os sociólogos têm tido pendor para a revelação desde os tempos das denúncias comprometedoras. O entrevistador tipicamente sai para obter a 'verdadeira história' que concebe estar escondida por trás dos lugares-comuns de qualquer grupo e dá forte desconto a quaisquer expressões da ideologia 'oficial'. A busca pela organização informal de um grupo reflete isto, e a máxima de Merton de que a contribuição mais característica da sociologia reside na descoberta e análise de funções latentes e não-manifestas é uma afirmação teórica desta posição. (...) Convencido de que a conversa idealista provavelmente não é sincera, mas meramente uma dissimulação de um cinismo menos respeitável, o entrevistador se esforça para olhar por trás do que é dito e chegar ao 'real'" (pp. 79-80). Por isso, nas ciências sociais, "uma entrevista é freqüentemente qualificada de bem-sucedida precisamente pelo grau em que consegue trazer à tona atitudes cínicas e não idealistas" (p. 80). Becker não nega que a preocupação com o problema da reconstrução da rede de determinações ocultas do comportamento manifesto seja importante e justificada. O ponto é que ela cria a possibilidade de uma interpretação errônea do "idealismo sinceramente apresentado" pelos informantes em suas falas. As reflexões de Becker resultam de sua experiência de pesquisa com estudantes de medicina. Operando com uma estruturação de referência realista,[120] Becker in-

---

[120] Cf. Becker, 1993, p. 81.

centivou, com seus procedimentos, a expressão de atitudes cínicas até que, analisando seus dados de campo, encontrou evidências que o fizeram tomar "consciência de que havia subestimado sistematicamente o idealismo dos homens que estava estudando" (p. 82). A partir disso, ele alterou seus procedimentos em campo e, ao invés de reprimir a expressão de sentimentos e pensamentos idealistas, passou a incentivá-la deliberadamente, obtendo com isso, a longo prazo, "ambos os tipos de dados dos alunos", o que tornou possível a construção de um quadro geral compreendendo ambos os aspectos. Para Becker, a moral técnica a extrair do episódio é "talvez que se deva pressupor que as pessoas possuam ambas as variedades de sentimentos acerca dos valores subjacentes às relações sociais em estudo" (p. 83). Dela decorre uma moral teórica: ao invés de "pressupor rápido demais que pessoas que estudamos serão facilmente classificadas quanto a 'tipos de atitude', (...) pode ser mais útil começar com a hipótese de que as pessoas podem apresentar cada uma das atitudes, em um momento ou outro, e deixar que esta noção oriente um estilo de entrevista mais flexível" ou o que é equivalente, um estilo de interpretação mais flexível, menos comprometido com o determinismo objetivista. No caso da interpretação das falas de Florestan Fernandes, em suas entrevistas e depoimentos, foi uma hipótese de trabalho desse tipo que tornou possível observar a importância das dimensões ética e moral na posição cientificista do sociólogo e, conseqüentemente, focalizar o modo como a fidelidade a uma certa concepção de ciência atua como um valor básico que orienta as diversas transformações e as dramáticas mudanças de rumo que se sucedem ao longo de sua vida intelectual.

5.2. FORMAR A CIÊNCIA

Com a inserção profissional na academia, inaugurou-se uma segunda fase que, segundo Florestan, representou o período "mais fermentativo" de sua formação, marcado pela "luta aberta contra as minhas deficiências intelectuais".[121] Em busca de uma "aprendizagem em profundidade" (p. 168), ele tomou duas decisões. A primeira, dedicar-se ao entendimento dos clássicos e das modernas tendências da sociologia em estudos independentes nas bibliotecas, durante todo o tempo livre do trabalho. Mais uma vez Florestan lançou mão do autodidatismo e da "disciplina monástica" de trabalho para bem preparar-se, para superar-se e para poder competir, em pé de igualdade, com os quase-iguais. Florestan conta-nos que Antonio Candido explicava, então, a extraordinária capacidade do colega "pela envergadura da minha bunda. Podia ajustar-me como um paquiderme a horas e horas de leituras, de paciente trabalho de anotação e à fadiga resultante" (p. 168). Nos depoimentos recentes de Candido, a mesma situação é descrita em termos mais enternecidos. Segundo ele, o colega possuía um "raro poder de concentração (...) que lhe permitia ler sem parar, em qualquer situação (...) sem parar nem se distrair, horas e horas, parecendo abolir o cansaço por meio do desejo de saber. Quando éramos jovens assistentes, saíamos da Faculdade de Filosofia, então na Praça da República, e íamos pela rua 7 de Abril às 6 horas da tarde. Mas enquanto eu ia pegar o ônibus, cansado, ele entrava muitas vezes na Biblioteca Municipal e lá ficava até ela fechar, às 11 e meia da noite, provavelmente com uma xícara de café como alimento". Para ele, o tempo era "algo precioso", tanto que "uma de suas birras" era "ver alguém desperdiçá-lo".[122]

A outra decisão levou-o a submeter-se aos exames de ingresso no curso de pós-graduação em sociologia e antropologia da Escola Livre de Sociologia e Política de São Paulo. Diversamente da Faculdade de Filosofia, a Escola Livre oferecia um programa de mestrado e, nele, o jovem professor buscou "sanar as lacunas por meio da aprendizagem dirigida e descobrir o que se poderia ob-

---

[121] Fernandes, 1977, p. 171.

[122] Souza, 1996, pp. 44-5, cf. também pp. 24-5. Cf. ainda Arruda, 1995a, p. 171.

ter pela *formação norte-americana* que se supunha prevalecer naquela escola".[123] Feitos os exames, em 1944, Florestan foi reprovado. Segundo ele, "não havia uma atitude muito favorável aos estudantes de filosofia na Escola Livre de Sociologia e Política. A minha primeira tentativa falhou, eu já tinha uma certa notoriedade política por causa dos artigos de jornal (...), já tinha sido convidado para ser assistente, quer dizer que não havia muita vontade de me absorver lá. (...) o esforço que o Donald Pierson fazia era tentar limitar o campo humano da Escola Livre de Sociologia e Política. A primeira tentativa em 44 falhou e em 45 eu me dediquei ao estudo de inglês (...) e passei e eles não puderam me recusar".[124]

Imputando sua reprovação diretamente à intervenção de Donald Pierson contra sua entrada na Escola Livre, o comentário introduz na narrativa a questão das divergências entre a orientação sociológica implementada por Pierson na Escola Livre e as concepções de Florestan sobre a ciência, concepções essas que direcionam e são alimentadas por seus trabalhos sobre os tupinambás que ele iniciou então sob a orientação, inicialmente informal, do Prof. Herbert Baldus. Tudo começou com um trabalho, solicitado pelo professor, acerca da validade do material do Gabriel Soares sobre as sociedades aborígenes. De acordo com o relato, Baldus "leu o trabalho e disse: 'Olha, Florestan, pelo que você diz aí, se tudo isso que você diz é real, o Métraux não entendeu, ele não pegou os problemas centrais, ele pegou só a parte da cultura material, da religião, e deixou o resto de lado'" (p. 10). Ele referia-se à posição de Alfred Métraux, segundo a qual era impossível reconstituir a organização social dos tupinambás com a documentação existente, ou seja, com os relatos dos viajantes e cronistas dos séculos XVI e XVII. Discutindo o problema, Baldus e Florestan decidiram que o estudante deveria investigar a consistência de outras fontes, trabalhando com "uma fonte totalmente estranha",

---

[123] Fernandes, 1977, p. 168.

[124] Idem, 1995a, p. 10.

o Hans Staden. Feita a análise, "a riqueza foi comprovada". Então Baldus disse: "Olha, Florestan, você descobriu isso, é justo que você aproveite isso" (pp. 10-1). Florestan Fernandes deu, então, início à tese sob a orientação de Donald Pierson. Rapidamente os dois sociólogos divergiram quanto à perspectiva teórico-metodológica adequada ao tratamento e à verificação da consistência dos dados. As diferenças não puderam ser superadas e a solução foi passar a orientação formal da pesquisa para Baldus. Em um contraponto implícito com Pierson, Florestan aponta o convívio com Baldus como um dos aspectos positivos e produtivos da experiência na Escola Livre: Baldus era "um homem generoso e de inteligência invulgar, sempre pronto para estimular os jovens de talento ou para apoiar inovações promissoras" (p. 170). Explicitamente, em uma observação sintética acerca da aprendizagem na Escola Livre, Florestan afirma que, com Donald Pierson, aprendeu o modo como *não* se deve organizar um curso de métodos e técnicas de pesquisa.[125] Não parece, portanto, nada casual que em um artigo de 1946, no qual afirma a cientificidade da jovem disciplina sociológica e a competência específica e exclusiva dos sociólogos para "descrever, analisar e explicar" a realidade social, Pierson introduza o tema criticando a preocupação exagerada, entre os estudiosos do social, com o reconhecimento do caráter científico de seu trabalho. Uma atitude para a qual o autor fornece a seguinte explicação sociológica: ela "é devida, em considerável parte, aos fatos de gozar a palavra 'ciência', nos tempos modernos, de muito prestígio, e de estar cada estudioso do social, como qualquer outro ser humano, preocupado imediata e diretamente com seu próprio 'status'".[126] E mais à frente: "A questão, contudo, de sermos ou não considerados 'cientistas', pode muito bem ocupar menos o nosso tempo. Tal preocupação apenas revela um senso de inferioridade" (p. 89).

---

[125] Cf. Fernandes, 1978a, p. 32.

[126] Pierson, 1946, p. 88.

Para Florestan, as expectativas iniciais em relação ao curso da Escola Livre foram totalmente frustradas. Lá ele não chegou a entrar em contato com novas perspectivas analíticas, reencontrando os autores americanos e ingleses já trabalhados a partir da orientação de Bastide e de Willems. Quanto ao treinamento para a pesquisa, a frustração descrita é ainda maior. Para Florestan, "era um mito que não se recorria ao 'treino empírico' na Faculdade de Filosofia".[127] Ele não apenas vinha treinado em técnicas elementares de pesquisa, como já havia aprendido, "o que me parece mais importante, a associar pesquisa e teoria de maneira rigorosa" (p. 169). Trata-se do ponto nevrálgico das divergências teórico-metodológicas com Pierson.[128] Se, diversamente da Faculdade de Filosofia, a Escola Livre dava a devida atenção à formação básica e ao ensino das técnicas de investigação, fazia-o "subordinando-se, porém, a alvos demasiadamente estreitos e simplistas. (...) Corria-se o risco, pois, de incentivar o desenvolvimento da sociografia, por exemplo, e não o da sociologia" (pp. 169-70). Tal entendimento logo reorientou sua atuação na Escola Livre. "Quando descobri que alimentara esperanças erradas, imprimi novo curso às minhas relações com a Escola Livre (...). Passei a comportar-me como um professor (...) convertendo aquela escola em uma das arenas em que lutava por minha auto-afirmação e auto-realização (havia outras, como a Faculdade de Filosofia, os movimentos políticos, as revistas e os jornais, etc.)" (p. 169).[129]

---

[127] Fernandes, 1977, p. 169.

[128] Para a concepção de Donald Pierson acerca da investigação sociológica ver, por exemplo, Pierson, 1967.

[129] Florestan reconhece, por outro lado, três aspectos positivos de sua experiência pedagógica na ELSP: o convívio com Herbert Baldus; os cursos dos professores Mário Wagner Vieira da Cunha e Octávio da Costa Eduardo, recém chegados dos EUA, onde fizeram seus doutoramentos; e, no seminário de Donald Pierson, o estudo dos autores da "Escola de Chicago", "da qual ele (Pierson) se considerava um representante" (1977, pp. 170-1).

Entre as arenas do jovem aguerrido, estavam os jornais. Florestan havia estreado em julho de 1943 n'*O Estado de S. Paulo*, desfiando as crueldades do racismo na cultura ibérico-brasileira em um estudo sobre "o negro na tradição oral". Ao longo de 1944 e 1945, seus artigos definiram uma linha de combate na cena intelectual paulista, pela orientação metódica da investigação e a rejeição crítica da perspectiva dos estudos de folclore e sua pretensão à categoria de disciplina científica. Florestan define a abordagem sociológica dos fenômenos folclóricos em contraposição direta ao enfoque folclorista, configurando o primeiro enfrentamento disciplinar no qual expõe publicamente sua defesa da sociologia, em um ataque cerrado à pretensão de cientificidade do folclore. Nesse trabalho de demarcação de fronteiras, Florestan escreve seus primeiros textos de sociologia do conhecimento, expondo as origens sociais e políticas do folclore e o modo como elas condicionam seu enfoque, suas categorias e sua insustentável reivindicação de estatuto científico, baseada na delimitação de um objeto inexistente, concebido em função das necessidades de dominação da burguesia. Desse modo, o folclore desenvolve-se na direção contrária ao conhecimento, buscando legitimar uma concepção cindida da sociedade que define uma diferença essencial entre a cultura letrada das elites e a cultura das camadas populares.[130] Esse debate disciplinar, com uma clara dimensão de significado político, foi o modo pelo qual Florestan posicionou-se como membro da geração de jovens cientistas sociais críticos e radicais, alinhado à defesa da perspectiva totalizante da ciência contra o particularismo de outro tipo de conhecimento, ou, retomando as formulações de Antonio Candido à época, ao trabalho de esclarecimento das idéias orientado para a crítica do pensamento conservador.

Passo então a considerar outro elemento fundamental para a compreensão da adesão ao racionalismo, por Florestan, no 'pe-

---

[130] Cf., por exemplo, "A burguesia, o progresso e o folclore". Fernandes, 1989, pp. 49-52.

ríodo de formação' intelectual. Trata-se de sua participação na luta clandestina contra o Estado Novo e, em seguida, no movimento trotskista clandestino, ocasião para ele entrar em contato com o marxismo de um modo mais profundo do que seria possível na Faculdade de Filosofia.[131] Como se viu, o interesse de Florestan pelo socialismo vem da adolescência, motivado por seu "populismo radical", forjado na vivência contraditória da desigualdade, da condição social subalterna e das potencialidades do projeto moderno da sociedade secular, livre e igualitária. A atuação de Florestan na luta contra a ditadura andava, segundo conta, "ao sabor das oportunidades, de informações de colegas da Faculdade de Direito sobre encontros clandestinos (...). Os estudantes da Faculdade de Direito eram os campeões da oposição a Vargas e à repressão policial. Misturava-me e ousava com eles nas escaramuças de rua ou conspirações às quais comparecia mais gente, inclusive políticos profissionais, intelectuais e burgueses radicais".[132] Obedecendo "ao dever" de participar da oposição ao regime, Florestan começou a definir sua própria perspectiva em contraponto às posições políticas com que entrava em contato. "No meu entender, não bastava a 'redemocratização do país'. Parecia-me que seria necessário ir mais longe e desencadear um processo verdadeiramente revolucionário pelo qual o *Povo* assumisse o controle do poder."[133] O comentário pretende situar, retrospectivamente, as motivações que o encaminharam, então, para o movimento político clandestino. Segundo Florestan, uma combinação de elementos de seu populismo radical com alguns conhecimentos do socialismo utópico e do socialismo marxista levou-o a uma "identificação ultra-radical" e à conseqüente participação, "por uns quatro anos mais ou menos", no "pequeno grupo trotskista de São

---

[131] Cf. Fernandes, 1978a, p. 14.

[132] Fernandes, 1995b, pp. 158-9.

[133] Idem, 1977, p. 171.

Paulo" (p. 172). A amizade, iniciada por volta de 1943, com o jornalista Hermínio Sacchetta, ex-militante do Partido Comunista (PCB), então dirigente do Partido Socialista Revolucionário (PSR) e secretário-geral da *Folha da Manhã*, foi, nesse sentido, uma referência fundamental. Foi Sacchetta que "abriu-me outra via de combate, mais secreta e com propósitos revolucionários. Aos poucos, alarguei minha convivência nessa área e acabei incorporando-me ao Partido Socialista Revolucionário (PSR)".[134]

A militância, reconhecidamente dispersa e um tanto improvisada, provocou, de acordo com Florestan, mudanças que deram contornos mais delineados ao "meu socialismo vago, reformista e utópico" (p. 158). Com Hermínio Sacchetta, ele viveu "várias experiências contraditórias (...), inclusive a criação da efêmera Coligação Democrática Radical e o desvanecimento das esperanças de que a dissolução da ditadura nos levaria mais longe do que a uma subdemocracia burguesa tutelada pelos militares". O comentário é indicativo da importância dos laços de amizade entre Florestan e Sacchetta, baseados em certas identificações fundamentais que fazem de Sacchetta, nas memórias de Florestan, 'o grande companheiro de ideal', o que, nesse caso, quer dizer, não somente partilhar a fidelidade a uma mesma causa, como também partilhar a mesma espécie de fidelidade, basicamente fundada em um compromisso ético com a utopia da emancipação humana.

Segundo Florestan Fernandes, "o que havia de melhor" na atividade do grupo trotskista era o convívio intelectual e político. "Os debates eram sérios e profundos; a documentação externa, vinda do movimento internacional, alargava a visão dos problemas da revolução mundial e dos seus entraves. Era nisto e nos lançamentos da Editora Flama que se concentravam os verdadeiros vínculos com a aprendizagem marxista e o processo revolucionário como aspiração política decisiva. (...) O grupúsculo funcionava como uma microuniversidade e impelia-me a descobrir por minha

---

[134] Idem, 1995b, p. 158.

conta o jovem Marx e a desvendar a sedução do seu pensamento científico" (pp. 158-9). A principal tarefa realizada no grupo por Florestan foi a tradução da *Contribuição à crítica da economia política*, publicada em 1946 pela citada Editora Flama com uma introdução do tradutor intitulada "Marx e o pensamento sociológico moderno". Segundo Florestan Fernandes, um prefácio "um tanto arrojado".[135] Logo em seguida, ele foi liberado de suas atividades militantes por iniciativa de Hermínio Sacchetta. "Atendendo às restrições que os companheiros faziam ao pouco tempo que eu podia destinar às nossas atividades obrigatórias", Sacchetta "nos convenceu de que eu seria mais útil na universidade e produzindo como universitário. Não tinha dúvidas sobre a minha firmeza e lealdade. E via com bons olhos que eu servisse à mesma causa por outros meios".[136]

No conjunto de depoimentos de Florestan Fernandes, pode-se encontrar, basicamente, *duas versões* a respeito desse pequeno episódio que, entretanto, suscita a grande questão das relações entre ciência e política no período de formação. Na 'versão realista' do acontecido, Florestan explica a sua atitude como resultado das condições políticas e intelectuais daquele momento. Nesse sentido, afirma em entrevista de 1975, que teve de "viver uma crise de consciência muito profunda, da qual é testemunha o Antonio Candido. Porque ele foi a pessoa com a qual discuti os aspectos mais graves e dramáticos das escolhas que tive de fazer. Ficar no movimento socialista clandestino, que não tinha nenhuma significação política, e destruir certas potencialidades intelectuais; ou aproveitar essas potencialidades, sair do movimento e esperar que, numa ocasião ou noutra, a minha identificação com o socialismo viesse à tona. Nós discutimos muito seriamente esses problemas, que eu enfrentei com integridade, embora tivesse de escolher um

---

[135] Idem, 1978a, p. 14.

[136] Idem, 1995b, pp. 159-60.

caminho que não era o que eu queria. É claro que se eu tivesse seguido um caminho, no qual pudesse definir a minha perspectiva como cientista social a partir de um movimento socialista forte, nunca teria trabalhado com os temas com os quais eu trabalhei".[137] Nessa ótica, ele aponta para os condicionantes sociais que explicam porque tomou, então, uma atitude que, segundo nos diz, contrariava sua vontade e seus propósitos políticos: "A gente não é uma coisa ou outra em função da própria vontade, mas em função das oportunidades que o meio oferece. Se o meio oferece ou não uma determinada oportunidade, a inteligência pode caminhar em dada direção" (p. 77). Deve-se acrescentar a essas observações a respeito das possibilidades concretas do pensamento radical na São Paulo dos anos 40 um outro aspecto da situação que também é visível de uma perspectiva realista de interpretação. Trata-se do fato de que entre o movimento socialista clandestino e a universidade, esta última era a única que oferecia possibilidades profissionais concretas e perspectivas efetivas de acesso a recursos econômicos e simbólicos. Florestan continuava sustentando a mãe e, casado recentemente, havia ampliado suas responsabilidades familiares como chefe provedor. Desse ponto de vista, a carreira acadêmica, na qual inclusive Florestan já estava inserido, mostrava-se como a única perspectiva promissora disponível.

Por outro lado, Florestan também fornece os elementos de uma 'versão idealista' do episódio. Se, abandonando a polarização entre realismo e idealismo enquanto oposição entre auto-interesse e racionalização, tomarmos a versão idealista como versão complementar, ela torna-se interpretativamente positiva e revela outras dimensões da experiência na qual se insere o episó-

---

[137] Idem, 1978a, p. 78. Cf também Souza, 1996, p. 25: "Nós discutimos muito a respeito dessa divisão entre o militante político e o professor universitário, sem nunca resolver de maneira satisfatória se o professor tinha o direito de trazer as suas convicções políticas para a aula, e se uma atitude acadêmica era compatível com o empenho político".

Na Faculdade de Filosofia

dio do abandono da militância revolucionária. As ciências sociais fervilhavam na cena intelectual de São Paulo em variadas perspectivas que, entretanto, convergiam para a identificação do trabalho metódico da ciência com o exercício incessante da razão crítica. No contexto político-cultural brasileiro, isso significou a identificação do racionalismo crítico com a crítica do conservadorismo político, tal como formulada programaticamente por Antonio Candido em 1943. Muito tempo depois, delineando o "pano de fundo da formação" intelectual de Florestan Fernandes no início dos anos 40, Candido caracteriza as dimensões político-culturais da emergência das ciências sociais acadêmicas naquela época: "em São Paulo, a Escola de Sociologia e a Faculdade de Filosofia efetuaram uma significativa ampliação do temário dos estudos sociológicos e antropológicos, ao deslocarem o foco de interesse das classes dominantes para as classes dominadas. Até então estas não eram estudadas além das manifestações folclóricas, ou em aspectos da cultura que eram traçados como folclore, haja à vista a maneira de abordar os cultos afro-brasileiros. Mas a partir do decênio de 1930, e sobretudo 40, foram estudados como temas preferenciais o trabalhador urbano, o lavrador pobre, o negro marginalizado, o pescador, o índio destribalizado, etc. Isso deu um cunho mais realista e potencialmente desmistificador ao conhecimento do Brasil, de maneira a se poder falar numa verdadeira radicalização dos estudos sociológicos em nossa geração".[138] Essa "tendência renovadora" representou, em certa medida, "um retorno simbólico à grande exceção que fôra Euclides da Cunha no começo do século, em contraposição a estudiosos das elites, como Oliveira Vianna e Gilberto Freyre" (p. 47). Conclui, então, Antonio Candido que coube a Florestan Fernandes "levar às conseqüências lógicas essa radicalidade, dando-lhe uma conotação política" (p. 52), referindo-se à *sociologia crítica e militante* da 'escola paulista' que ganha visibilidade total na dé-

---

[138] Souza, 1996, p. 52.

cada de 60. De modo um tanto diverso, procuro mostrar aqui como Florestan, antes disso, no decênio de 40 e início dos anos 50, leva o radicalismo às suas conseqüências lógicas, desenvolvendo sua conotação *científica* segundo um quadro de referências relativas às potencialidades práticas do conhecimento científico dos fenômenos sociais, culturais e políticos, que ele toma, por um lado, da tradição sociológica e, por outro, do ambiente cultural paulista, que, desde a década de 20, articulava a ciência à modernidade social e à soberania política.

Dessa ótica, retomo a narrativa, de 1992, do episódio do abandono da militância trotskista, na qual Florestan afirma que "atendendo às restrições que os companheiros faziam ao pouco tempo que eu podia destinar às nossas atividades obrigatórias", Sacchetta "nos convenceu de que eu seria mais útil na universidade e produzindo como universitário. Não tinha dúvidas sobre a minha firmeza e lealdade. E via com bons olhos que eu servisse à mesma causa por outros meios".[139] Trata-se de destacar, nessa fala, a afirmação de uma similaridade fundamental entre os objetivos da produção intelectual acadêmica e da militância revolucionária, cuja idéia-chave está na frase final, "servir à mesma causa por outros meios". Uma consistente explicação dessa idéia pode ser encontrada precisamente na Introdução de Florestan à *Contribuição à crítica da economia política*. Nela, ele discute algumas questões gerais suscitadas por esse texto específico, seguidas de uma análise das contribuições de Marx e Engels à teoria das ciências sociais, contribuições cujo alcance Florestan indica, logo de início, ao reproduzir a "opinião reconhecidamente justa" de Albion W. Small segundo a qual Marx ocupa na história das ciências sociais uma posição análoga àquela de Galileu na área das ciências físicas,[140] tendo dedicado toda a sua vida a duas tarefas

---

[139] Fernandes, 1995b, pp. 159-60.

[140] Idem, 1976a, pp. 301-2.

principais: "o estudo de como os homens realizam coletivamente os seus objetivos" e a "própria orientação racional daquela atividade (participação dos movimentos operários, transformação do Socialismo Utópico em 'Socialismo Científico', etc.)" (p. 314). O ponto que quero destacar aqui refere-se, é claro, às relações entre teoria e prática. No bojo de uma exposição acerca do conceito de interação em Marx, afirma Florestan que "a medida da inteligência e da verdade no homem é a ação. (...) Por isso, o conhecimento é uma questão antes prática que teórica". Comentando as conseqüências dessa atitude de Marx, ele aponta para a rejeição de noções como 'ciência', 'desinteresse científico', e 'separação de teoria e prática' enquanto mistificações de natureza ideológica. E isso porque "os problemas nascem quando as condições materiais de sua resolução já existem ou estão em vias de existir. E esses problemas se apresentam como tal à investigação científica exatamente porque correspondem a necessidades humanas. Além disso, porque se modificam continuamente no processo histórico, as necessidades humanas fazem parte da situação total abrangida pelo conhecimento. Ao ser submetido à prova, o conhecimento deve, pois, produzir mudanças na situação total. Isso se processa por uma superação — de forma nenhuma por uma acomodação ou um ajustamento — de modo que, no sentido mais amplo, o conhecimento é ao mesmo tempo ciência, de um lado, e técnica de reforma social, de outro. Assim, teoria e prática são unidas de modo indissolúvel, estando a segunda imediatamente contida na primeira, no caso de ser verídica" (p. 316).

Para Florestan, as ciências sociais encontram-se, nos anos 40, em um estágio de desenvolvimento que torna possível um maior esforço de compreensão e mesmo de aproveitamento da obra de Marx, até então mantida à distância pela maioria dos cientistas sociais dada sua concepção da relação entre teoria e prática. "A Economia, a Sociologia, etc. nasceram e desenvolveram-se sob o signo da ação; o ideal de seus fundadores era conseguir o controle da vida social para os homens, como já havia sido parcialmente realizado em relação às forças da natureza. Mais do que isso, pensavam em obter, por meio das ciências sociais particulares, técnicas sociais tão perfeitas que se poderia, no futuro, organizar racionalmente a sociedade, segundo planos sociais, econômicos, etc., de modo a reduzir ao mínimo os desperdícios de energia humana e os desajustamentos sociais. Todavia, apesar de toda a nostalgia da prática, teoria e ação são distanciadas de tal forma, que afinal de contas tem-se o direito de perguntar a que espécie de aplicação aspira e que eficiência prática pode ter uma teoria cuja prova é sempre ministrada teoricamente. Nos últimos tempos, a posição de um Mannheim e a de um Freyer indicam, claramente, que essa atitude está se modificando e que é possível esperar maior coerência para o futuro; também, as ciências sociais têm alargado as suas esferas de aplicação" (p. 322).

Um outro pequeno artigo, produzido nesse mesmo momento, contribui para o esclarecimento das idéias de Florestan, àquela época, sobre as dimensões práticas da ciência e as perspectivas da atuação estritamente acadêmica e, ainda assim, engajada. Em 1946, ele escreveu a resenha de *Lendas dos índios do Brasil*,[141] coletânea de lendas indígenas organizada por seu professor Herbert Baldus, que acabava de ser lançada em São Paulo. A parte inicial é dedicada ao autor, apresentado como "uma das mais reconhecidas autoridades em etnologia brasileira (...), que representa juntamente com Curt Nimuendaju, e outros etnólogos mais jovens, o início de uma nova fase no estudo sociocultural — ou etnosociológico, como preferiria dizer o próprio Herbert Baldus — das tribos dos índios do Brasil".[142] O principal traço dessa tendência é o "interesse sistemático" por aspectos até então estudados de modo insatisfatório frente às exigências e os recursos da etnologia moderna. Após essa consideração inicial, de afirmação do perfil acadêmico do autor e da natureza científica de seu trabalho,

---

[141] "Lendas dos índios do Brasil". São Paulo, *Jornal de São Paulo*, 21 de maio de 1946.

[142] Fernandes, 1989, p. 182.

Florestan volta-se para outro aspecto de sua atuação acadêmica, qual seja, 'o trabalho de formação' que ele realiza como professor de etnologia na Escola Livre de Sociologia e Política. Segundo Florestan Fernandes, "como professor, Baldus encetou uma verdadeira campanha pela compreensão do índio e pela sua defesa contra os excessos e os preconceitos fatais dos 'brancos civilizados'" (p. 182). O assunto é de relevância extrema, pois "o que se tem feito no passado e o que se continua a fazer no presente, no Brasil, é um atestado da amoralidade e do sadismo *coletivo* dos representantes da 'civilização'". Por esse motivo, impressiona-o profundamente a "decidida vocação de defensor dos índios" de Baldus e o modo como a transmite nas salas de aula, criando, "em seus discípulos, o ânimo necessário para continuarem a campanha por um ambiente mais propício ao 'índio brasileiro'". Simultaneamente, o professor "situa os problemas dos 'índios' em face dos avanços cataclísmicos da 'civilização' em termos científicos, acentuando a necessidade da ação racional, desenvolvida em função da ciência etnológica aplicada". E conclui: "Só assim poder-se-á, de fato, livrar o Brasil dos resultados maléficos da ação empírica, subordinada ao método de ensaio e erro com acerto ocasional, que tem sido tão desastrosa para os índios" (p. 183). A partir daí, Florestan finalmente passa ao comentário do livro, observando: "parece-me que o meu entusiasmo me afastou um pouco da finalidade restrita deste artigo (...)" (p. 183).

As perspectivas oferecidas pelas ciências sociais e os rumos da atuação acadêmica em São Paulo entusiasmavam Florestan Fernandes, confluindo para o delineamento de uma posição racionalista que afirma a autonomia da ciência em relação às esferas da ação, não para separar o pensamento da prática, mas em nome de uma prática orientada pela explicação teórica da dinâmica social. É na chave da concepção de ciência de Florestan, tal como se expressa nos textos acima reproduzidos, que se pode entender o contexto significativo em que se insere a atitude de Sacchetta, liberando "o Professor" para dedicar-se integralmente à vertente científica do trabalho da inteligência direcionada para o progresso da emancipação humana. Ela tornava-se aceitável no âmbito de um grupo político-doutrinário revolucionário graças à radicalização que Florestan Fernandes imprimia à radicalidade dos cientistas sociais de São Paulo, concebendo-a na perspectiva teórico-prática que o chamado marxismo científico partilha com outras vertentes fundadoras das ciências sociais, que emergiram alinhadas à concepção racionalista da ciência, característica da modernidade clássica, afirmando convictamente o poder do saber científico para o controle racional do mundo. É essa idéia que também sustenta a afirmação segundo a qual a Universidade era, para ele, "um rico equivalente de um partido",[143] declaração que reafirma a articulação essencial entre a explicação racional dos fenômenos sociais e o avanço da racionalização da organização da vida coletiva, distintiva da concepção da sociologia como instrumento de compreensão da realidade capaz de contribuir teoricamente para a transformação da sociedade. Nessa concepção, o termo forte é colocado na ciência, na produção de conhecimento, na explicação das estruturas constitutivas das sociedades, pois se a prática é o critério de validade da teoria, são as hipóteses teóricas que orientam a prática que, sem elas, torna-se pura empiria, definida ao sabor do acaso e de interesses particularistas e fragmentários. Dessa perspectiva, desenha-se com alguma clareza a exigência de conceder total prioridade ao desenvolvimento científico do conhecimento dos fenômenos sociais já que, na direção contrária, dar prioridade a problemas políticos específicos, que emergem na esfera da política institucionalizada em certo tempo e lugar, implica o abandono da preocupação teórica e, assim, o sério risco de pôr tudo a perder, comprometendo, simultaneamente, o caráter revolucionário e a eficácia da prática.

Considerando, portanto, as duas versões do episódio do abandono da militância socialista tendo em vista a dedicação total à ciência social acadêmica, é possível obter um quadro amplo

---

[143] Idem, 1995a, p. 16.

que engloba as condicionantes sociais e os eixos de sentido que tornam possível uma identificação radical com o cientificismo, situando de modo complexo a ação de Florestan Fernandes. Além disso, na medida em que permite explorar certas ambigüidades nos diversos depoimentos de Florestan sobre esse assunto, indica que o socialista que fala nos anos 80 e 90 não é exatamente um "segundo Florestan", radicalmente diverso do "primeiro Florestan", mas um intelectual que, apesar das diferentes fases por que passou, mantem-se duplamente vinculado — intelectual e eticamente — à concepção racionalista da ciência pela qual e com a qual se orientou nos anos 40 e 50, na luta aguerrida pela defesa da autonomia da ciência, na disposição inquebrantável de estabelecer as bases da sociologia científica no Brasil e no empenho total para contribuir com o desenvolvimento da teoria sociológica.

Pouco depois de desligar-se do movimento trotskista, já em 1947, Florestan defendeu sua primeira tese acadêmica e obteve o título de mestre com *Organização social dos Tupinambá*.[144] Nesse ano, ele e Antonio Candido passaram a trabalhar em tempo integral na Faculdade de Filosofia, de modo que finalmente Florestan pôde abandonar o emprego como propagandista de laboratório, passando a dedicar-se totalmente à carreira acadêmica. Ainda em 1947, ele apresentou, pela primeira vez, em um artigo sobre ciência e política, no qual discute as idéias de Luiz de Aguiar Costa Pinto acerca do tema,[145] o projeto teórico de sistematização dos métodos indutivos de análise sociológica no qual trabalhará durante os dez anos seguintes.[146]

Com o mestrado, Florestan Fernandes iniciou uma carreira acadêmica modelar e um programa de pesquisa sobre a teoria da

---

[144] Cf. Fernandes, 1963.

[145] Cf. Pinto, 1947.

[146] "O problema do método na investigação sociológica", *Sociologia*, São Paulo, (9) 4: 332-45, 1947.

investigação sociológica, que levou a cabo individualmente e através de algumas decisões consideradas estratégicas. Sabe-se que seu primeiro projeto para o doutoramento era uma pesquisa sobre a "aculturação" de sírios e libaneses em São Paulo que ele havia iniciado em 1944, nela trabalhando durante quatro anos, até que "foi posta de lado por falta de recursos materiais e por outros motivos".[147] Por isso, explica-nos, "refleti pensando um pouco no Gilberto Freyre, pensei: a sociedade brasileira tem um nível de interesse por reconstrução histórica, isso é reconhecido, então eu vou voltar aos tupinambá" (p. 11). Tratou-se, então, de uma escolha "oportunista. (...) Precisei pensar sobre um tema que permitisse evidenciar minhas qualidades como sociólogo e, ao mesmo tempo, acumular prestígio para mais tarde poder participar dos vários tipos de trabalho que iria enfrentar (em conflito com uma sociedade nacional que é muito mais provinciana que a cidade de São Paulo). Necessitava, pois, do prestígio de sociólogo competente".[148] "Fruto de uma longa e racional meditação", um estudo sobre a função social da guerra entre os tupinambás parecia "o tipo de trabalho que vários círculos intelectuais no Brasil podiam identificar como um 'trabalho relevante'" (p. 79).

O doutorado, defendido em 1951 no âmbito da cadeira de sociologia II, representou, segundo uma interpretação recente, um instrumento de conquista de prestígio pessoal, intelectual e institucional na Faculdade de Filosofia, funcionando como um "poderoso trunfo" para a conquista da regência da cadeira de sociologia I, em substituição ao mestre Roger Bastide.[149] Com *A função social da guerra na sociedade tupinambá*, Florestan Fernandes revelou-se o maior herdeiro dos mestres estrangeiros; nas palavras de Heloísa Pontes, o "'produto puro' e mais bem acabado

---

[147] Fernandes, 1977, pp. 173-4. Cf. também 1978a, p. 78.
[148] Idem, 1978a, p. 78.
[149] Pontes, 1996, p. 303.

do novo sistema de produção intelectual e acadêmico implantado na capital paulista" (p. 302). De fato, as duas teses não deixaram de provocar impacto. Os exemplos mais destacados incluem o famoso comentário de Antonio Candido, reproduzido pelo próprio Florestan Fernandes, a propósito de *Organização social*: "Florestan, vendo o seu trabalho a gente não tem inveja dos ingleses. Agora nós temos um livro para mostrar".[150] Em 1948, *Organização social* foi agraciado com o prêmio Fábio Prado, a segunda premiação recebida pelo sociólogo em sua jovem carreira.[151] Com *A função social da guerra*, o reconhecimento ampliou-se. A reação de Alfred Métraux foi uma das mais importantes para Florestan que, em seu depoimento, retoma-a no contraponto às críticas que foram dirigidas à abordagem funcionalista da investigação. "A mim me impressionaram menos as críticas dogmáticas ao 'meu funcionalismo' que a atitude de Alfred Métraux, um etnólogo de grande nomeada e, além do mais, especialista sobre os tupinambás. (...) Ele disse: 'Olha, Florestan, todo o livro deveria ser traduzido, mas nós não podemos. Vou traduzir a parte sobre o sacrifício humano, na qual você faz o que eu deveria ter feito' (e, de fato, providenciou a tradução e a publicação de toda aquela parte em francês)."[152] Com o título *La guerre et le sacrifice humain chez les Tupinambá*, o texto foi publicado em separata do *Journal de la Société des Américanistes* de 1952.

Apesar de tudo, a repercussão ficou aquém do que o autor esperava, convicto da importância das contribuições dos trabalhos. Segundo Florestan, em *Organização social*, ele fez com os tupinambás o que Marcel Mauss fez com os esquimós, operando

---

[150] Fernandes, 1978a, p. 85.

[151] Em 1944, com *As trocinhas do Bom Retiro*, Florestan ganhou o 'Prêmio Temas Brasileiros' em concurso promovido pelo Grêmio da Faculdade de Filosofia, para o qual Roger Bastide selecionou e julgou os trabalhos inscritos.

[152] Fernandes, 1978a, p. 89.

com a perspectiva da totalidade em um estudo de comunidade. Na época, ele diz, "conhecia o suficiente de Mauss para saber que não estava estudando apenas uma comunidade local, mas a civilização tupi" (p. 86). Nessa ótica, se o trabalho não alcançava uma formulação teórica própria e original, oferecia uma contribuição criadora na reconstrução do sistema social tribal, chegando, por meio dela, à explicação da dinâmica de uma civilização.[153] Tematicamente, o trabalho fornecia uma contribuição significativa para o estudo da história brasileira, dada a falta de conhecimentos sistemáticos acerca da vida social dos indígenas quando da chegada dos brancos no território. Assunto que, segundo seu entendimento, deveria ser uma preocupação fundamental dos estudiosos da sociedade brasileira. Surpreendentemente, entretanto, os historiadores sociais ignoraram o trabalho.[154] Desenvolvendo a dimensão interpretativa, em *A função social da guerra* Florestan acredita ter chegado à maior contribuição teórica possível em uma investigação empírica, fornecendo uma explicação do sistema cultural tupi. Trata-se de uma teoria de médio alcance, válida para uma civilização determinada. Apesar do limite, é uma contribuição teórica bastante importante. "Penso que mostrei que se pode explorar a reconstrução histórica com o mesmo rigor que a pesquisa de campo e que demonstrei que éramos capazes de estudar as sociedades tribais, por nossa conta e com os nossos meios, se-

---

[153] Cf. Fernandes, 1978a, p. 71. A observação remete às diferenças teórico-metodológicas entre Fernandes e a orientação que caracteriza os estudos de comunidade realizados na ELSP. Para ela, as referências básicas são "Cruz das Almas: a Brazilian village", de Pierson, e "Cunha: tradição e transição em uma cultura rural do Brasil", de Willems. Para a análise das diferenças entre as perspectivas em conflito ver Correa, 1995 e Oliveira, L., 1995. Cf. também o "Simpósio sobre as classes sociais" do qual participam Willems, Pierson, Florestan e Lourival Gomes Machado, todos de São Paulo, e Luiz de Aguiar Costa Pinto, da Universidade do Brasil do Rio de Janeiro (*Sociologia*, São Paulo, (10) 2-3: 71-193, 1948).

[154] Cf. Fernandes, 1978a, p. 86.

gundo os requisitos descritivos e interpretativos da ciência moderna." E isso "no momento em que Radcliffe-Brown condenava a reconstrução histórica como técnica de observação, análise e interpretação".[155] Assim, "as duas contribuições surgem em um momento que as torna, queiramos ou não, um marco nas investigações das sociedades primitivas no Brasil" (p. 88).

Como revela em seu depoimento sobre a escolha do tema do doutorado, Florestan esperava uma recepção ampla para *A função social da guerra*, nos moldes da que a sociedade brasileira então devotava às grandes reconstruções históricas, responsáveis pela consagração de crítica e de público de Gilberto Freyre. Mas, nas antípodas do estilo literário de Freyre, *A função social da guerra* não oferece deleite algum aos leitores; antes exige muita paciência e concentração para enfrentar uma linguagem de extremo rigor conceitual e lógico. Contudo, a insatisfação de seu autor não se refere apenas à repercussão no ambiente cultural brasileiro mais amplo, mas também ao reconhecimento por parte da comunidade acadêmica especializada. Apesar da contribuição teórica relevante dos dois estudos sobre os tupis, eles receberam "pouco reconhecimento" (p. 72). Uma carta de 16 de outubro de 1971 a Bárbara Freytag fornece um pequeno mas expressivo indício de sua insatisfação. Nela, ele escreve, a propósito da publicação de um texto de um conhecido comum: "(...) (saiu no *Journal des Américanistes*, o que quer dizer — não será visto nem cheirado...)".[156] Para Florestan, quando não foram ignorados, os trabalhos foram criticados de forma pouco criteriosa. Os dois livros "não são perfeitos — é certo! Não existe 'obra perfeita' na ciência. Contudo, nem a investigação, nem os seus resultados, como eles aparecem nos dois livros, devem ficar sujeitos às oscilações da moda, às implicações da substituição da análise estrutural-funcional por não

---

[155] Fernandes, 1978a, p. 89.

[156] Idem, 1996, p. 155.

sei que tipo de 'estruturalismo'".[157] Do mesmo modo, ele contesta a validade das críticas à suposta perspectiva conservadora da análise funcional das relações sincrônicas de reprodução das bases estruturais da ordem tribal. "(...) eu duvido que alguém possa tratar as relações sincrônicas de uma perspectiva dialética. Ou falsifica a dialética, ou falsifica as relações sincrônicas. Não há talento que resista a essa prova. Ou então, a análise dialética não é uma tentativa de explicar a transformação da sociedade; é uma tentativa de mistificar" (p. 87).

Marisa Peirano, em sua interpretação da trajetória intelectual de Fernandes nos termos de uma passagem da antropologia à sociologia, explora intensamente a defasagem entre intenção e recepção dos trabalhos de Florestan acerca dos tupinambás. Para ela, Fernandes "errou o alvo" com sua flecha de inspiração modernista. Os índios e o marco zero da história brasileira não consistiam mais "problemas nacionais" no contexto político-cultural da época, não alcançando por isso a repercussão esperada.[158] Por outro lado, considerando o estilo acadêmico do sociólogo, a autora afirma que ainda não existia um público para esse tipo de texto: "Embora a elite brasileira tivesse criado os recursos para o desenvolvimento de um meio acadêmico, como parte do projeto geral de auto-afirmação nacional, ela não estava pronta para assimilar seus resultados" (p. 83). Confrontando o trabalho de Florestan com o contexto nacional, a intérprete sustenta que o tema de pesquisa das duas primeiras teses estava aquém das questões políticas do momento, enquanto seu estilo estava além das possibilidades culturais do ambiente. Esses fatores explicam, segundo a autora, porque, apesar do alto nível acadêmico, os trabalhos acerca dos tupinambás puderam ser praticamente ignorados por décadas, compondo o que ela designa, em outro texto, "a antropo-

---

[157] Idem, 1978a, p. 89.

[158] Cf. Peirano, 1991, pp. 91-2.

logia esquecida de Florestan Fernandes".[159] No mesmo sentido, observa Heloísa Pontes que o alcance de *A função social da guerra* "só seria plenamente aquilatado muitos anos depois, a partir de meados da década de 80, graças à recuperação crítica — posto que informada por outro paradigma que não o funcionalista — que a etnologia contemporânea vem fazendo desse trabalho".[160] Recentemente, portanto, delineia-se uma tendência crescente ao reconhecimento de *A função social da guerra*, atualmente considerado "o clássico da etnografia brasileira". Antes disso, contudo, seu autor efetivamente passou grande parte de sua vida explicando e justificando tanto a perspectiva teórica quanto o estilo de seu trabalho.

Quando ainda estava terminando *A função social da guerra*, no ano de 1951, Florestan incorporou-se ao projeto de investigação das relações raciais na sociedade brasileira promovido pela Unesco. Conta-nos ele que, chegando a São Paulo para oferecer o projeto, Alfred Métraux tinha em mente Donald Pierson para a coordenação da pesquisa. Mas os recursos financeiros eram mínimos e "um sociólogo americano, mesmo que fosse tão desprendido como o professor Donald Pierson, jamais aceitaria um esquema de financiamento tão precário, ao mesmo tempo que envol-

---

[159] Cf. Peirano, 1991, pp. 90-2 e Peirano, 1983.

[160] Pontes, 1996, p. 303. Ela refere-se especificamente a Eduardo Viveiros de Castro (Castro, 1986) e Manuela Carneiro da Cunha (Castro e Cunha, 1986), "dois dos maiores antropólogos brasileiros da atualidade", como "os principais responsáveis pela recuperação dessa obra de Florestan" (p. 303, nota 126). Pode-se citar, ainda, os trabalhos acima indicados da antropóloga Marisa Peirano, as investigações de Maria Arminda do Nascimento Arruda (Arruda, 1995a e 1995b) e também a dissertação do historiador Avelar Imamura (Imamura, 1995). Através de diferentes enfoques disciplinares, os estudiosos brasileiros do social têm retomado a análise dos primeiros trabalhos de Florestan, recuperando a primeira fase de sua obra para o debate sobre a história das ciências sociais no Brasil.

via um projeto de pesquisa tão ambicioso",[161] devendo englobar um desenvolvimento psicológico e outro sociológico, baseado em estudos na área rural e na área urbana. Com a recusa de Pierson, Métraux voltou-se para Roger Bastide que "era muito seu amigo e não sabia dizer *não*. Ele acabou tendo que fazer o trabalho e me convidou para o mesmo" (p. 93). Florestan estava então envolvido com a conclusão da tese de doutorado, a preparação da defesa e também com a pesquisa sobre os sírios e libaneses, à qual dava andamento paralelamente ao doutorado. Assim, rejeitou imediatamente o convite de Bastide que, relata Florestan, saindo da sala onde conversaram, voltou-se e propôs: "'o senhor não aceita só escrever, eu colho os dados para o senhor'" (p. 94). Diante daquele que fora seu professor por quatro anos, e uma referência fundamental em sua formação sociológica, oferecendo-se para atuar como seu técnico de pesquisa, a emoção tomou conta de Florestan. "Eu fiquei tão comovido, que saíram lágrimas dos meus olhos. Aí eu me levantei e lhe respondi: 'está bem, o senhor venceu!'" (p. 94). O reconhecimento do mestre foi mais forte que qualquer consideração relativa à falta de tempo e, o que é mais importante, à disponibilidade para aceitar as precárias condições financeiras de realização do trabalho, que, segundo Florestan, determinaram a recusa do pesquisador profissional Donald Pierson. "Só amadores, como Bastide e eu, aceitariam fazer pesquisa por 'amor à ciência'!" (p. 93). Tendo-se alinhado durante toda sua vida acadêmica em defesa do profissionalismo do cientista social, Florestan, nos anos 70, é levado a uma recusa total da "sociologia como profissão" em vista dos rumos tomados pela vida acadêmica e pela intelectualidade moderna. É nesse registro específico que ele identifica o profissionalismo à exigência de remuneração do trabalho no mercado e o amadorismo à valorização intrínseca do trabalho científico enquanto busca da verdade.

---

[161] Fernandes, 1978a, p. 92.

O projeto de estudo, redigido no mesmo ano por Florestan e Roger Bastide, marca, na seriação já consagrada da trajetória intelectual de Fernandes, o início da segunda fase, na década de 50, identificada, teoricamente, à análise dos padrões de desenvolvimento social e obstáculos à modernização na sociedade brasileira e, metodologicamente, a práticas de pesquisa participante. Segundo a sistematização proposta por Antonio Candido, a pesquisa das relações raciais em São Paulo inaugura uma fase caracterizada pela paixão da "aplicação do saber ao mundo", que se desenvolve a partir do trabalho da década anterior, direcionado para a "construção do saber".[162] Para Florestan Fernandes, além da importância teórica da pesquisa das relações raciais, que o encaminhou para os problemas da dependência e do subdesenvolvimento, na convivência com os movimentos negros, ele experimentou um profundo impacto humano. Na relação com seus informantes, Florestan sentiu-se como um "ser humano em comunhão com outros seres humanos", estabelecendo-se, assim, uma "comunicação endopática em profundidade" ou "uma identificação psicológica profunda", devida em parte à sua origem social, em parte a seu passado, em parte ao seu socialismo.[163] Contudo, é preciso levar em conta que esses comentários referem-se ao período de desenvolvimento da pesquisa, ao longo dos anos 50. Deve-se considerar também que a sistematização completa da interpretação

---

[162] Souza, 1996, p. 23. A seriação coincide basicamente com a sistematização do próprio Florestan. Segundo ele, a década de 40 é um período de consolidação do intelectual de perfil acadêmico e científico, que floresce no decênio seguinte, explorando amplamente as possibilidades do pensamento crítico autônomo e gerando conflitos criadores que expandem o conhecimento da realidade brasileira, opondo a intelectualidade aos representantes da ordem socioeconômica estabelecida. Em fins da década de 50, a autonomia do pensamento crítico chega ao auge e, por isso mesmo, é também o momento do "começo do fim" (cf. Fernandes, 1978a, p. 46 e também 1980, pp. 15-7).

[163] Fernandes, 1978a, p. 96.

de Florestan Fernandes do problema da integração social dos negros no Brasil vem a público em um trabalho de 1964, *A integração do negro na sociedade de classes*.[164] No momento da redação do projeto de estudo com Bastide, portanto, esses elementos não estão ainda presentes. Ao contrário, segundo seus depoimentos, ao trabalhar no projeto, seu entusiasmo com a pesquisa era pequeno e ele tinha em mente apenas ajustar as diferenças de pontos de vista com Bastide. Basicamente, ele carregava nas tintas da crítica à interpretação de Donald Pierson, segundo a qual o Brasil constituía um "caso negativo" quanto ao preconceito e à discriminação raciais, — que "eu usei como uma espécie de *straw man*" — e Bastide aparava-as e atenuava-as. "Mas ficou nisso" (p. 94).

De todo modo, se a importância da pesquisa das relações raciais na trajetória intelectual de Florestan é incontestável, ela não deve, contudo, obscurecer a linha de continuidade do programa de pesquisa da teoria da investigação sociológica, na qual se insere, na seqüência, a tese de livre docência sobre *O método de interpretação funcionalista*, concluída em 1953. Segundo Florestan, com o primeiro trabalho sobre os tupinambás, ele descobriu "que nenhum sociólogo é capaz de realizar o seu ofício antes de percorrer todas as fases de um projeto de investigação completo, no qual transite do levantamento de dados à sua crítica e à sua análise e, em seguida, ao tratamento interpretativo propriamente dito".[165] Desse modo, *Organização social* modificou sua "concepção da sociologia e da natureza ou alcance da explicação sociológica. Podia encadear-me a uma tradição de pensamento científico de um modo mais crítico, que me levaria a recusar a reconstrução empírica como o alvo final e a ver na contribuição teórica o objetivo central da investigação sociológica". E explicita: "Por aí, penetrei na esfera dos problemas da indução na sociologia com

---

[164] Cf. Fernandes, 1978b.

[165] Fernandes, 1977, p. 175.

uma bagagem mais sólida, que me permitia indagar como se passa dos 'fatos' às 'teorias', e me obrigava a exigir do sociólogo algo mais do que uma 'descrição bem feita' da realidade" (p. 175). O comentário vincula *Organização social dos Tupinambá*, *A função social da guerra na sociedade tupinambá*, o *Ensaio sobre o método de interpretação funcionalista na sociologia*,[166] de 1953, *O problema da indução na sociologia*, de 1954, e *A reconstrução da realidade nas ciências sociais*, de 1957. Juntos, eles compõem uma linha de trabalho em torno da teoria da investigação sociológica na qual Florestan Fernandes investiu, individualmente, desde os anos 40 e ao longo de todo o decênio seguinte, produzindo textos nessa área até meados da década de 60.

Em *O método de interpretação funcionalista na sociologia*, com o qual obteve o título de livre-docente, dois anos após o doutoramento, Florestan sistematiza os aspectos estruturais e lógicos da interpretação funcionalista dos fenômenos sociológicos. Após ter explorado as possibilidades descritivas e interpretativas de reconstrução e interpretação do funcionalismo para o estudo do sistema organizatório da sociedade tupinambá, Florestan concentra-se na explicitação e sistematização dessas possibilidades, produzindo uma contribuição original ao desenvolvimento da interpretação funcionalista na sociologia e, assim, uma contribuição parcial à teoria da investigação sociológica empírico-indutiva. A empreitada teórica contrasta, entretanto, com os parcos comentários posteriores sobre *O método de interpretação*, tanto do próprio Florestan, em depoimentos, quanto dos intérpretes e analistas das ciências sociais no Brasil. A configuração do debate inte-

---

[166] Com esse título, a tese de livre-docência de Florestan foi publicada em 1953 na forma de Boletim da Faculdade de Filosofia (Boletim n° 170, Sociologia n° 4). Inserido como terceira parte do livro *Fundamentos empíricos da explicação sociológica*, editado em 1959, ele recebeu o título "O método de interpretação funcionalista na sociologia". Em todas as referências que se seguem, é esse o título que adoto para sua identificação (cf. Fernandes, 1967).

lectual no cenário nacional no decênio de 50 tendeu a atrair toda a atenção para as inflamadas discussões protagonizadas por Florestan e Guerreiro Ramos acerca da ciência, da política e da realidade nacional e para a linha de pesquisa dos dilemas sociohistóricos da implantação da ordem social competitiva no Brasil, identificada à "escola paulista de sociologia". Estamos diante de mais um descompasso entre Florestan e seu próprio tempo, e se os seus trabalhos sobre os tupis podem ser chamados de sua "antropologia esquecida", então pode-se dizer que *O método de interpretação* compõe "a sociologia esquecida" de Florestan Fernandes, rejeitada por seu funcionalismo, seu indutivismo e sua concepção radicalmente racionalista da sociologia: ciência-síntese na área dos estudos científicos dos fenômenos sociais e humanos, a sociologia promete constituir-se na primeira 'hard human science'. É certo que apenas uma leitura da obra pode revelar o modo como ela efetivamente alinha-se a essa perspectiva, revelando as originalidades e as especificidades do enfoque de Florestan Fernandes. Do ponto de vista de sua trajetória intelectual e de sua história de vida, a tese de livre-docência marca o fim do 'período de formação', segundo a seriação por mim adotada neste trabalho. Dado o alcance teórico de *O método de interpretação*, ele representa o momento de plena maturidade de seu autor, como sustenta a intérprete de sua obra, Maria Arminda do Nascimento Arruda: "nesse momento, a independência intelectual do sociólogo paulista e o escopo do seu projeto são pintados com tintas fortes, pois significam a assunção da maturidade intelectual, evidente na tentativa de repensar os fundamentos teóricos da disciplina sociológica, através de uma de suas contribuições clássicas".[167] Tendo, assim, chegado ao fim da abordagem dos trabalhos de pesquisa de Florestan ao longo do 'período de formação', retomo, a seguir, o período de inserção profissional, a partir de sua contratação pela

---

[167] Arruda, 1995a, p. 148.

Faculdade de Filosofia, para tratar de aspectos de sua atuação ainda não mencionados, ligados, em especial, à sua atividade como professor de sociologia.

5.3. FORMAR CIENTISTAS

Nomeado segundo assistente da cadeira de sociologia II em 1945, Florestan Fernandes passou a compor a equipe de Fernando de Azevedo ao lado de Antonio Candido de Mello e Souza. Para Florestan, ele e Candido eram subordinados e auxiliares que Fernando de Azevedo "via com muito egoísmo. Ele não estava lá querendo que fizéssemos carreira, queria promover a nossa ascensão no curso, e esta era uma matéria na qual não se podia mexer. (...) Ele estava decidido que seríamos professores, e quem nos levaria as cartas seria ele. Quer dizer, absorveu ambições que deveriam ser nossas e isso, eu notei, chegava até a nos prejudicar, porque, é claro, nem eu nem Antonio Candido somos pessoas de ambição destituída de valor. Tínhamos um senso de valor e havia um conflito de geração. Essa relação que ele teve conosco era nitidamente amorosa, mas ao mesmo tempo era uma relação de posse, que ditaria uma espécie de capacidade dele em decidir o nosso destino".[168] Enfrentando o paternalismo do chefe, Candido e Florestan posicionaram-se como "dois rebeldes. Pode-se dizer que Antonio Candido era o rebelde com luva de pelica, e eu era o rebelde que não sabia usá-la" (p. 185). Como exemplo da rebeldia no âmbito da atividade docente, logo no início do trabalho, Florestan relata a "revolução das notas". "Eu corrigia as provas, uma das coisas que o Dr. Fernando não gostava de fazer. Então, eu ficava com uma parte e Antonio Candido com outra. Certa vez, corrigindo provas, dei dez ao hoje professor Roque

---

[168] Fernandes, 1995b, p. 192.

Spencer Maciel de Barros. O Dr. Fernando opunha-se a que se desse dez. Quando viu a nota, fez um ar contrariado: 'Você pôs dez. Mas dez por quê?' 'Porque foi um trabalho muito bem feito para um estudante.' Ele disse: 'Bem, eu venho de uma tradição, de uma escola, na qual dez era para Deus, nove para os professores e, para alunos excepcionais, a partir de oito'. Eu disse: 'Bem, doutor, então o senhor passe a ler as provas, porque os nossos critérios de nota colidem'. Aí ele aceitou o dez. No ano seguinte, corrigindo provas, Antonio Candido deu dez a Maria Isaura Pereira de Queiroz. O Dr. Fernando olhou assim de uma maneira sarcástica: 'Vocês estão querendo tornar o dez uma nota sem significado'. Antonio Candido disse: 'Ao contrário, esse trabalho merece dez e é a nota que eu dei, a nota que o senhor deveria dar; porque é um trabalho excepcional, então vale dez'. Fernando de Azevedo ficou desolado: 'Pronto. Acabou. Não sei mais como defender critérios de avaliação'. Quer dizer, ruiu um tabu que vinha das escolas normais e da mentalidade que prevalecia entre professores a respeito da graduação da inteligência" (pp. 190-1). Tomando a frente da organização da cadeira de sociologia II e questionando o elitismo pedagógico de Fernando de Azevedo, os assistentes Antonio Candido e Florestan Fernandes desafiavam o rígido funcionamento, na USP, do sistema hierárquico de cátedras, impondo-se ao reconhecimento da autoridade acadêmica.

Definindo a relação com o poderoso protetor como metade de assistente, metade de amigo, Florestan relata o episódio, "muito doloroso" para os dois, de sua transferência para a cadeira de sociologia I. Preparando-se para voltar à Europa, Roger Bastide propôs Florestan Fernandes como seu substituto. "Fernando de Azevedo não gostou da história, pois foi uma interferência direta, em público, na estrutura da cadeira de sociologia II. (...) Roger Bastide, que era uma espécie de santo em matéria de inocência e em outros aspectos, não teve o cuidado de verificar como uma transferência dessas envolvia uma negociação complicada. O fato é que comecei a trabalhar nas duas cadeiras, cheguei a dar catorze aulas por semana. No final, não agüentei mais e tive, na sala do Dr.

Fernando, uma briga seríssima com ele." Contestado por sua atitude intransigente, Fernando de Azevedo disse: "'Florestan, vamos conversar de coração para coração.' Aí dei uma resposta da qual me arrependo amargamente: 'Dr. Fernando, nós nunca mais conversaremos de coração para coração, conversaremos de cabeça para cabeça.' Ele olhou, ficou ruborizado, e as lágrimas correram-lhe pelas faces". Segundo Florestan, os dois tinham o mesmo tipo de "temperamento impulsivo e, praticamente, éramos capazes de ir à agressão, até o extremo limite. Quando vi Fernando de Azevedo chorando, também chorei; e ficamos ali, como duas crianças, nos abraçando e, naturalmente, ele disse: 'Bom, eu vou tratar de ajudar você a resolver o caso'. Assim, nós tivemos o problema resolvido e as relações normalizadas" (pp. 196-7). A estrutura do campo acadêmico definia uma nova forma de relação de Florestan com a proteção pessoal, na medida em que oferecia um espaço no qual o reconhecimento baseava-se exclusivamente na avaliação do mérito intelectual da pessoa. Integralmente identificado à carreira, Florestan pode recusar agressivamente o apelo paternalista aos laços afetivos, rejeitando o protecionismo e a condição subalterna que ele implica e afirmando-se como um intelectualmente igual diante do socialmente desigual Fernando de Azevedo, graças aos valores específicos que organizam o campo institucional em que estão inseridos.

Antes, porém, de conquistar uma posição sólida na carreira, Florestan estreou como docente do Departamento, ministrando um curso sobre *As regras do método sociológico*, de Durkheim, no segundo semestre de 1945. No ano seguinte, tornou-se responsável pelo curso de Introdução à sociologia, através do qual levava, segundo ele, suas preocupações aos estudantes. Então, ele enfrentou alguns problemas na esfera da docência, de fato ligados à concepção do projeto pedagógico do curso de ciências sociais, à definição dos perfis profissionais dos cientistas sociais como pesquisadores, professores e técnicos e aos modos de pensar e praticar a didática. Segundo suas palavras, nos primeiros anos de trabalho, devido à insegurança e à falta de tempo, ele negligenciou um pouco a preparação das aulas.[169] "Como todo professor jovem, eu não estava preparado para ensinar em cursos de graduação. (...) Em conseqüência, (...) professei cursos inevitavelmente indigestos, nos quais os meus 'pontos de chegada' se convertiam nos 'pontos de partida' dos estudantes. Eu tendia a levar minha fermentação mental para a sala de aula e não poupava ninguém" (p. 176).

Um dos problemas fundamentais que fermentavam na mente de Florestan Fernandes era a busca de uma abordagem que imprimisse nova diretriz ao tratamento dos textos especializados, pautada pela preocupação com "a pesquisa empírica sistemática e com a construção ou verificação de teorias".[170] Uma preocupação que, de acordo com a sua concepção de ciência, define a perspectiva do sociólogo como um investigador especializado em um campo de estudos, que trabalha para o desenvolvimento das técnicas lógicas e empíricas da investigação criadora de teoria, alçando efetivamente seu campo disciplinar à dimensão da ciência. Essencialmente direcionado para o desenvolvimento científico da sociologia e, portanto, para as atividades de pesquisa, Florestan acabava seguindo a orientação dos mestres franceses de dar a maior independência possível aos alunos, sem uma assistência dirigida. Foi Antonio Candido quem tomou a iniciativa de alterar essa diretriz, propondo, como o próprio Candido explica, "um sistema de exposições de leituras programadas para grupos de 4 alunos controladas por nós". Segundo ele, "Florestan duvidou de sua utilidade, mas declarou-se pronto a fazer a experiência, por coleguismo, e entrou no jogo com dedicação. Com o tempo, acabou por desenvolver uma rara capacidade de assistência intelectual aos alunos, aos quais se dedicava mais do que eu".[171]

---

[169] Cf. Fernandes, 1977, p. 175.

[170] Fernandes, 1978a, p. 19.

[171] Souza, 1996, p. 46.

Das leituras programadas desenvolveu-se o conjunto de transformações introduzidas na cadeira de sociologia II do Departamento de Sociologia e Antropologia. Os assistentes de Fernando de Azevedo simplificaram os programas e introduziram novas matérias. Ao primeiro ano caberia uma formação geral e elementar em teoria sociológica básica. Ao mesmo tempo, deveria sanar lacunas da educação formal. "Tratava-se, visivelmente, de uma tentativa de adaptar o ensino da sociologia às condições brasileiras"[172] que levava em conta a precariedade da formação dos estudantes, reabilitando os manuais execrados pelos franceses. Mas, para Florestan, as condições precárias da vida intelectual brasileira não requeriam um rebaixamento das exigências na formação científica. Muito pelo contrário, exigiam uma "formação científica rigorosa" (p. 21) como ponto de partida para a formação dos cientistas sociais. A base deveria ser o domínio teórico em certos campos da investigação sociológica e a capacidade de manipular conceitos com precisão.

Para Florestan Fernandes, a reformulação do curso significava uma revisão crítica do próprio trabalho docente e do trabalho de seus professores estrangeiros na Faculdade de Filosofia. Com eles, Florestan teve um ensino que reputa de "grande densidade, um ensino de grandes qualidades, de professores que tinham um treino universitário" (p. 5), mas sem qualquer preocupação com as potencialidades do ambiente cultural. Por exemplo, no exame de seleção para o bacharelado em ciências sociais e políticas, os examinadores já exigiam um conhecimento específico sobre as matérias da área. O esquema previa que os estudantes tivessem adquirido um conhecimento básico no "pré", não havendo mais necessidade de insistir em princípios elementares, de modo que, em conjunto, os mestres estrangeiros e seus assistentes moviam "uma guerra sem quartel aos manuais e ao 'ensino geral'".

---

[172] Fernandes, 1978a, p. 21.

Todos comportavam-se como "se nós dispuséssemos de uma base intelectual equivalente à que se poderia obter através do ensino médio francês, alemão ou italiano".[173] Mas o fato é que muitos dos candidatos escutavam estarrecidos as perguntas dos examinadores sobre, por exemplo, *A divisão social do trabalho*, quando apenas haviam ouvido falar de Émile Durkheim. Assim, restava aos estudantes pobres, que não vinham de seu ambiente cultural de origem minimamente preparados para aquilo, tentar alcançar, sozinhos, o nível dos cursos e dos professores, por meio do autodidatismo.[174] Em termos mais amplos, todos eram prejudicados pela rejeição dos manuais e do ensino básico, condicionada pelo tipo de formação universitária dos professores europeus. Transplantada para a Faculdade de Filosofia de São Paulo, ela transformou-se em um obstáculo à formação dos estudantes brasileiros, impedindo a realização de uma aprendizagem elementar inicial absolutamente necessária nesse contexto e que não era empreendida dado o preconceito então vigente segundo o qual só se trabalha com os textos fundamentais.[175]

Levado a pensar sobre o ensino "em termos instrumentais" (p. 21) na reforma realizada em parceria com Antonio Candido, Florestan reposicionou-se institucionalmente, dirigindo a atenção para o problema das funções da academia na "formação de intelectuais que deveriam preencher vários papéis" (p. 22). Segundo seu entendimento, a Universidade deveria contemplar a formação de professores, de investigadores e de técnicos. Nos moldes em que era ministrado nos anos 40, o curso de ciências sociais e políticas orientava-se exclusivamente para o cumprimento da primeira fun-

---

[173] Idem, 1977, p. 155. A única exceção reconhecida por Fernandes é o Prof. Hugon, que expunha em suas aulas princípios básicos de economia política. "Era, por isso, ridicularizado em público pelo Prof. Maugué", por restringir-se aos "*petit a, petit b*" do ensino elementar.

[174] Cf. Fernandes, 1978a, p. 5, e, também, 1995a, p. 8.

[175] Cf. Fernandes, 1978a, pp. 6-7.

ção, relegando a necessidade de formar pesquisadores habilitados para a investigação científica, isto é, para uma produção independente e criadora no campo das ciências sociais. Trata-se pois de distinguir a ênfase teórica do ensino dos professores franceses do significado da preocupação com a teoria da ótica de Florestan. Segundo ele, a ênfase no aspecto teórico do ensino dos mestres estrangeiros manifestava-se no formato monográfico de seus cursos; tratava-se de expor um balanço crítico do estado em que se encontra certo campo do conhecimento, "no momento em que o professor o realiza e do modo como o concebe". Essa ênfase na teoria significa, portanto, prioridade à exposição do desenvolvimento histórico das teorias de um determinado campo de estudos, uma espécie de história das idéias que Florestan identifica especificamente ao trabalho intelectual do professor e à conseqüente formação de intelectuais aptos a ensinar a matéria. Para ele, nessa perspectiva, torna-se impossível pensar em teoria do mesmo modo que o físico, o biólogo e o químico pensam e como o sociólogo ou o economista deveriam pensar.[176] Da ótica da formação do especialista, a preocupação com a teoria significa orientar o curso para o ensino das técnicas de construção das teorias, de análise e crítica das vertentes teóricas existentes tendo em vista chegar a uma síntese. Não havia sombra dessa diretriz no ensino da Faculdade de Filosofia; o currículo do curso de ciências sociais e políticas compunha-se de um vasto conjunto de disciplinas monográficas como sociologia econômica, introdução à economia, sociologia estética; mas não havia nenhum curso de métodos e técnicas aplicados à investigação ou à lógica e à construção da inferência. Só mais tarde, "por influência nossa" (p. 7), eles foram montados e introduzidos no currículo contemplando a formação do investigador, até então negligenciada. Além das condições precárias locais, a orientação então dominante nas ciências sociais na Europa explica, segundo Florestan, tais deficiências

---

[176] Cf. Fernandes, 1978a, p. 8.

quanto ao treinamento e preparo teórico do investigador. "O estado da pesquisa nas ciências sociais na Europa estava relativamente atrasado, em relação, por exemplo, ao estado da pesquisa nos Estados Unidos." De fato, a preocupação com a pesquisa "é uma contribuição que se recebe dos americanos e que depois os europeus iriam absorver" (p. 8).

Além da formação de professores e pesquisadores, Florestan defendeu, ainda, a necessidade de atender à formação de técnicos, incorporando a diretriz profissionalizante da Escola de Chicago à consideração das necessidades postas pelo contexto brasileiro. Contudo, nunca conseguiu implantá-la na USP. Segundo afirma, foram sempre batalhas perdidas, vencidas pelo argumento dominante na Faculdade de Filosofia, segundo o qual a formação técnica implica uma dimensão externa que o ensino acadêmico não deveria levar em conta. As idéias acerca da formação do sociólogo aproximam Florestan das orientações identificadas, no contexto paulistano, à Escola Livre de Sociologia e Política. Contudo, há diferenças essenciais que ele insiste em demarcar, especialmente em relação à visão sociológica de Donald Pierson. Embora reconhecendo a influência deste último na valorização da profissionalização do sociólogo como investigador e como técnico, no contraponto à orientação européia, para Florestan o que caracteriza sua própria posição foi ter buscado uma "base sólida dentro da herança cultural da sociologia",[177] rejeitando, assim, a linha dominante em Chicago, querendo dizer, uma diretriz carente de embasamento teórico e portanto deficiente do ponto de vista do pleno desenvolvimento da ciência. É dessa perspectiva que se revela a importância da formação clássica, enquanto base para um desenvolvimento autônomo do pensamento sociológico no Brasil. Essa orientação marca, segundo Florestan, sua singularidade no quadro das ciências sociais então praticadas em São Paulo. "O próprio professor Willems combateu sistematicamente a mi-

---

[177] Fernandes, 1995a, p. 13.

nha preocupação pelos clássicos. Não que ele fosse um ignorante, ele era um professor muito bem informado. Mas ele achava (...) que a melhor investigação é a mais recente, o melhor livro é o mais novo. Ele achava que eu estava perdendo tempo." Invocando especialmente a perspectiva abrangente identificada à análise marxista, ele justifica mais uma vez seus esforços pela busca de uma abordagem totalizante, capaz de dar conta da complexidade da realidade social: em *A ideologia alemã* "encontrei um diálogo muito mais vivo, muito mais consistente e produtivo (...). Era ali que estavam vivas as tendências que eu estava enfrentando nas ciências sociais naquele momento, as minhas dúvidas, tentando combinar ecologia, economia, sociologia, psicologia, história. Para mim, era como se eles (os clássicos) fossem professores vivos" (p. 13). Assim, do mesmo modo que na busca do "justo equilíbrio" entre teoria e pesquisa,[178] a procura de uma combinação sintética da formação profissionalizante e científica aponta para a perspectiva generalizante que distingue sua abordagem sociológica e sua atuação intelectual.

Dando prosseguimento à exposição de alguns traços definidores da singularidade do estilo acadêmico desenvolvido por Florestan, retomo o tema da atividade docente, do ângulo da atuação na sala de aula, o que permite abordar uma outra tensão constitutiva do campo disciplinar da sociologia, por meio do contraponto entre Florestan Fernandes e Antonio Candido. Parceiros na reforma do curso de ciências sociais, Candido e Florestan desenvolviam, entretanto, estilos acadêmicos muito diferentes, que se expressavam nitidamente nas salas de aula. Segundo o depoimento da antropóloga Eunice Durham, "o que está sempre presente numa aula de Florestan Fernandes é a demonstração de que trabalho intelectual é, literalmente, trabalho".[179] Retomando a experiên-

---

[178] Cf., por exemplo, Fernandes, 1952, p. 10.

[179] Durham, 1987, p. 20.

cia de ex-aluna de Florestan em seu primeiro ano de curso, ela afirma: "Confesso que, de todo aquele curso, não entendi mais do que a metade daquilo que ele pretendia nos transmitir. Mas aprendi outras coisas, talvez até mais importantes" (p. 21). Ao ler, anos depois, a definição de Gramsci do pensamento crítico como "sendo aquele que reflete sobre as condições de sua própria produção", ela conta como relembrou das aulas do Prof. Florestan. Aulas "difíceis e penosas", "sólidas, maçudas", posto que orientadas por um "penoso esforço de, ao mesmo tempo, dizer alguma coisa e explicar de que forma aquele resultado havia sido alcançado e quais as implicações e limitações desse processo e desse resultado" (p. 21). Em depoimento sobre a época de estudante, quando a Faculdade de Filosofia "preenchia completamente a sua vida", afirma outro ex-aluno, o sociólogo Fernando Henrique Cardoso: "No meu caso, da minha geração, houve por um lado o Florestan. E por outro lado, havia mais duas outras pessoas que marcaram: o Roger Bastide e o Antonio Candido. De forma diferente. O Florestan marcava, porque o Florestan era realmente a Universidade como, vamos dizer, força total, era guerra total. Ali a pessoa tinha que ter realmente um estilo de viver. (...) O Bastide, era uma visão mais modesta do que pudesse ser alcançado pelo instrumental científico, e comparativo sempre: é isso, mas também pode ser aquilo. (...) O Antonio Candido (...) marcava (...) como alguma coisa assim, de a gente transcender o cotidiano para se fazer parte do mundo da cultura".[180]

Na história da institucionalização das ciências sociais no Brasil, Florestan Fernandes e Antonio Candido corporificam, de maneira distintiva, a oposição entre ciência e arte característica da modernidade a partir da qual se desenvolvem vertentes distintas de concepção e práticas sociológicas, em disputa entre si pela definição da natureza legítima da perspectiva de conhecimento dos

---

[180] Cardoso, F. H., 1981-84, p. 159.

fenômenos sociais e culturais. Os analistas da história das ciências sociais no Brasil, trabalhando a partir dessa perspectiva de contraposição entre ciência e cultura enquanto tensão característica da prática da sociologia na USP dos anos 40, pressionam Antonio Candido a esse respeito, em entrevista realizada pelos investigadores do IDESP, em 1987. Indagado sobre como pôde o Prof. Maugué exercer tanta influência entre os estudantes sem ser propriamente um produtor cultural, autor de uma obra de valor intelectual reconhecido, Candido reage, confirmando a expectativa dos entrevistadores em uma de suas falas mais explícitas acerca das tensões entre duas vertentes acadêmicas alinhadas a diferentes tradições intelectuais no período carismático de implantação das ciências sociais no Brasil. "Nós temos um péssimo hábito que é dar muita importância a tudo aquilo que se reveste de um aspecto documentário significativo. Então se conhece a pessoa e — quantos anos você tem? Tanto. Que gravatas usa? Tal. E o resto não interessa. (...) Esse é o mal da Sociologia! Falar é mais importante do que escrever! Sobretudo na Universidade (...) Enquanto isso você perde a coisa fundamental que é o contato humano, que é a fala, que é a capacidade de transportar e transformar a pessoa que está ouvindo. Toda a cultura grega foi formulada na base oral. (...) O Maugué é um homem que está aí para provar que a cultura é em grande parte oral, que o contato humano pode ser fundamental."[181] É claro que Antonio Candido fala isso na condição de autor renomado de uma obra consagrada. Mas por isso mesmo é que o comentário é significativo, expressão de um ponto de vista acerca da vida acadêmica que, durante o chamado período carismático das ciências sociais em São Paulo, foi progressivamente perdendo espaço para o padrão sociológico defendido e implantado por Florestan Fernandes. Desse modo, ele revela uma tensão entre o ensino como 'formação' e a pesquisa como 'produ-

---

[181] Citado por Pontes, 1996, p. 154, nota 148.

Florestan Fernandes à época em que era professor na Faculdade de Filosofia, Ciências e Letras da Universidade de São Paulo.

ção', correlata à polaridade entre as artes e as humanidades, de um lado, e a ciência profissionalizada, de outro.

Por seu lado, em seus depoimentos sobre a experiência docente, Florestan afirma que por volta do início dos anos 50 superou o "comensalismo predatório"[182] do período inicial, ao compreender melhor as funções do professor. A partir de então, ele avançou na direção de novas disciplinas, entre as quais considera a sociologia aplicada e a sociologia do conhecimento como as mais importantes. Por meio delas, ele desenvolveu suas preocupações sobre o objeto, o campo, os problemas e as técnicas lógicas e empíricas da sociologia. "Três livros ilustram a fecundidade de tais avanços, obtidos principalmente através das salas de aula: *Fundamentos empíricos da explicação sociológica, Ensaios de sociologia geral e aplicada* e *Elementos de sociologia teórica*. Os estudantes deixavam de ser minhas vítimas e o próprio ensino se transformava em um eixo de gravitação da minha capacidade de lidar com o pensamento sociológico" (pp. 177-8). Enquanto Candido trata do assunto referindo-se especificamente à comunicação entre o professor e o aluno, Fernandes, ainda quando pretende ter alcançado um novo patamar na relação com os estudantes, refere-se prioritariamente à ligação do professor com seu objeto de estudo. Essa diretriz não sofre alteração substancial ao longo do tempo. Na nota explicativa de *A natureza sociológica da sociologia*, escrita em 1978, Florestan afirma, a propósito da organização de um curso a partir da idéia de estruturar um livro: "O professor não passa, no fundo, de um aluno pelo avesso. Os alunos vão e vêm; a sua aprendizagem tem um ponto de partida e outro de chegada. Com o professor, tudo é diferente. Permanecemos em aprendizagem contínua. O 'ensino' é, sob esse ângulo, uma dura forma de aprendizagem (...) O professor nunca acaba de aprender e quando pensa que já domina um assunto, desco-

---

[182] Fernandes, 1977, p. 177.

bre que deveria começar de novo". No fim dos anos 70, depois da crise e em um momento de retomada dos laços com a universidade, Fernandes reafirma seu vínculo fundamental com os desafios do conhecimento do mundo, que delineia sua concepção da experiência docente segundo a qual, de uma sala de aula a outra, às voltas com seu objeto, o professor sempre aprende mais do que o aluno.

Personificando emblematicamente a diferença entre a sociologia como ciência e a utilização da perspectiva sociológica para a reflexão da cultura, Florestan e Candido expressam-na não somente por meio de seus diferentes estilos de conduta e de expressão, como ainda através das dimensões da realidade às quais dirigem a atenção. Exemplar, nesse sentido, são suas posições acerca das relações entre sociedade e cultura na história da arte e da ciência modernas em São Paulo, que passo a expor.

Em uma pequena história da literatura em São Paulo, traçada em cinco etapas, Antonio Candido expõe os vínculos entre produção literária e vida social, utilizando a perspectiva sociológica para a reflexão da cultura. As etapas caracterizam-se segundo as relações entre os grupos produtores e a cidade, distinguindo-se, entre si, por configurações específicas da dinâmica de diferenciação e absorção dos agrupamentos de produtores em relação ao ambiente social circundante. O Modernismo, localizado no período compreendido entre 1922 e 1935, é a última etapa abordada por Candido em sua análise. Para descrevê-la, ainda que sucintamente, é preciso retomar os dois momentos anteriores, a etapa do Parnasianismo e do Naturalismo — entre 1890 e 1910 — e a do Romantismo, situada entre 1840 e 1870.

Segundo a leitura de A. Almeida Jr., reafirmada por Candido, a Faculdade de Direito, criada em 1827, desempenhou papel decisivo na vida cultural e literária da cidade. Não como escola de Direito, mas como um centro congregador em torno do qual se gesta uma mentalidade diferenciada, uma cultura grupal baseada na identificação da Academia com a libertação e a independência dos jovens acadêmicos. Graças às deficiências do ensino, à disponibilidade dos estudantes e à ausência de vida cultural na pequena cidade, a escola desempenhou, de fato, o papel de uma "faculdade de cultura geral".[183] Importante não pelo que ocorria em suas salas de aula, mas pela sociabilidade gerada no Pátio das Arcadas, nas Repúblicas e nos grêmios. Desafiando o ambiente provinciano daquela "cidade de mortos" onde só havia "formigas e caipiras",[184] os estudantes diferenciaram-se na estrutura citadina e formaram, pela convivência, "um patrimônio comum de idéias, sentimentos e atitudes" que, segundo Almeida Jr., desempenhou papel decisivo na "vinculação afetiva e intelectual dos que vieram a compor as classes dirigentes do país" (p. 54).

O ponto enfatizado por Candido é a constituição de um grupo de produtores culturais que se justapõe à comunidade, sem ser por ela incorporado, desenvolvendo uma consciência grupal antagônica ao ambiente que se manifesta na boemia e na literatura romântica. Por meio do nacionalismo indianista, do sentimentalismo ultra-romântico e, principalmente, do satanismo, o Romantismo forneceu uma ideologia apropriada ao perfil social autárquico do agrupamento de acadêmicos. A negação dos valores comuns e o egotismo, a melancolia, o sarcasmo e o fascínio pela morte aprofundaram o isolamento dos poetas-estudantes e o caráter multifuncional do agrupamento independente, que congregava não só os produtores, como o próprio público e a própria crítica. Com as obras e as vidas de Álvares de Azevedo, Bernardo Guimarães e Aureliano Lessa, o romantismo satânico e a diferenciação sociocultural do grupo alcançam sua expressão mais característica. Autores da maior contribuição paulista ao Romantismo brasileiro — em especial, Álvares de Azevedo —, eles viveram os padrões exclusivos de seu grupo com tal intensidade que jamais foram

---

[183] Almeida Jr., 1958, p. 53.

[184] Expressões de Álvares de Azevedo em carta à família, citada por Almeida Jr., 1958, p. 45.

capazes de adaptarem-se fora dele.[185] A partir dessa expressão máxima, não seria possível ir mais longe na diferenciação sem provocar uma ruptura completa com a comunidade paulistana abrangente. Mas, alteram-se os rumos da dinâmica sociocultural, rearticulando as relações entre sociedade e produtores culturais.

Uma nova configuração é descrita por Candido para o período entre 1890 e 1910. A cidade apresenta uma estrutura social muito mais complexa, com novos grupos em constituição e a rearticulação dos grupos existentes, numericamente maiores e reorganizados segundo outras composições e novos padrões de comportamento. "Não há mais escravos, os caipiras sumiram, chegaram magotes de italianos, espanhóis, portugueses, alemães" (p. 208). Os estudantes — de Direito e de outros institutos de ensino superior que surgem na cidade — tornaram-se um segmento integrado. "A literatura já não depende mais dos estudantes para sobreviver, nem eles precisam da literatura como expressão sua, para equilibrar-se na sociedade" (p. 209). O ponto essencial é que, durante o período de tempo que separa as duas etapas, a literatura foi absorvida pela comunidade, segundo os padrões da elite social local. "Deixando de ser manifestação grupal, ela vai se tornar manifestação de uma classe — a nova burguesia, recém-formada, que refinava os costumes segundo o modelo europeu, envernizada de academismo, decadentismo e 'art-nouveau'" (p. 209). Os cânones de comunicabilidade e consciência formal do parnasianismo e do naturalismo adequam-se muito bem ao processo de difusão literária na comunidade, processo do qual se beneficiou o próprio Romantismo, em suas vertentes nacionalistas e sentimentalistas — ou seja, com exceção das vertentes satânicas, distintivas da etapa anterior, recalcadas em um momento

---

[185] Álvares de Azevedo morreu quando ainda era um membro do grupo; Aureliano morreu "de bêbado, inadaptado integral à vida," e Bernardo "foi sempre um inadaptado pouco melhor que o seu infeliz e fraternal amigo" (Souza, 1958, p. 208).

de harmoniosa incorporação da cultura na sociedade. No lugar das Repúblicas, os *Salons* promovidos pelas classes dominantes, difusores de uma literatura mundana marcada pela respeitabilidade social e o reconhecimento político, presença obrigatória nos palanques de solenidades oficiais. "Nunca talvez tenha havido em São Paulo uma coincidência tão grande entre a inspiração dos criadores, o gosto do público, a aprovação das *elites*" (p. 209). Segundo Candido, tal configuração explica muito do próximo período a considerar. Chegamos, finalmente, ao Modernismo, cujo traço fundamental é a reação à literatura como expressão da classe dominante, distintiva da vida cultural da capital paulista no início do século.

O movimento inicia-se durante a Semana de Arte Moderna, quando começa a ganhar visibilidade a facção dos renovadores que se defronta com os defensores da tradição. Tanto o grupo inicial, coeso por algum tempo, como os sub-grupos que dele se originam atuam intensamente em prol de uma revisão profunda da literatura desenvolvendo uma linguagem, um estilo de vida e uma sociabilidade próprias. No processo de constituição desses "agrupamentos de campanha literária", os novos produtores estabelecem relações com as formas tradicionais da atividade literária da capital paulista, ligando-se aos salões burgueses. Para Candido, essa ligação mostra que a estrutura social da cidade já é suficientemente complexa para "assimilar as formações divergentes, originadas pela própria dinâmica do seu desenvolvimento" (p. 212). Diversamente da São Paulo romântica de 1845, na qual a literatura foi expressão de um grupo "de fora", que não tinha espaço para manifestar-se enquanto tal na estrutura social da província, na São Paulo pós-parnasiana, um novo grupo emerge "de dentro" da própria sociedade, para manifestar tendências intelectuais que não encontravam expressão nas correntes literárias existentes. Nos dois casos, contudo, trata-se da constituição de identidades grupais em franca oposição à comunidade mais ampla. A mesma atitude de negação expressa-se, em certa configuração sociocultural, como satanismo, em outra, como humor e chacota. A alegria modernista é o equivalente da tristeza romântica e ambas partilham certa perversidade própria à atitude negadora. *Macunaíma*, de Mário de Andrade, "a maior obra do movimento" (p. 213), expressa claramente o dogma da alegria revelando, em seu final melancólico, as tendências românticas profundas nas quais se nutre a troça modernista.

Empenhando-se na disputa pela liderança intelectual em São Paulo, os modernistas renovadores opõem-se à tradição da literatura socialmente ajustada, veículo de expressão dos padrões convencionais das camadas burguesas, procurando exprimir "valores mais profundos, aspirações e estilos recalcados na literatura popular pelo oficialismo burguês".[186] Desse modo, afirma Candido, ainda que não revelassem, de início, qualquer traço de contestação política ou social, "a sua atitude, analisada em profundidade, representa um esforço para retirar à literatura o caráter de classe, transformando-a em bem comum de todos". Assim explica-se o populismo modernista, pelo qual os renovadores recuperaram, em novo registro, o nacionalismo romântico. "Mergulharam no folclore, na herança afro e indo-brasileira, na arte popular, no caboclo, no proletário. Um veemente desrecalque, por meio do qual as componentes cuidadosamente abafadas, ou laboriosamente deformadas (é o caso da 'literatura sertaneja') pela ideologia tradicional, foram trazidas à tona da consciência artística."

Dois pontos fundamentais devem ser retidos da análise de Antonio Candido. Primeiro, a abordagem sociológica da cultura através da qual ele expõe um processo de constituição de um campo cultural que pendula, ao longo de sucessivos momentos, entre tendências de auto-diferenciação e antagonismo em relação à sociedade e perspectivas de participação e integração nas atividades socialmente organizadas. Segundo, sua interpretação — con-

---

[186] Todas as citações do parágrafo foram retiradas de Souza, 1958, p. 212.

sagrada e desenvolvida em outros escritos[187] — do modernismo como um amplo movimento intelectual de desrecalque da cultura popular que, desse modo, desempenhou um papel revolucionário no quadro cultural brasileiro nos decênios de 20 e 30.

Trata-se de uma interpretação diversa daquela que faz Florestan Fernandes do mesmo período. De modo geral, a autonomia em relação à ordem sociocultural estabelecida, que Candido localiza no campo da arte nos anos 20 e 30, é, para Florestan, uma conquista do campo científico nos anos 30 e 40. Ambos abordam o problema da cultura em termos das relações de dependência ou de antagonismo entre os produtores e a estrutura social e, enquanto Candido investiga a conquista da autonomia aos poderes estabelecidos no campo da literatura, Florestan entende que foi no campo das atividades científicas identificadas à universidade que a intelectualidade brasileira rompeu os limites estabelecidos pelos grupos socialmente dominantes.

Florestan teve a oportunidade de expor sua posição sobre o Modernismo na entrevista de 1975, posteriormente publicada com o título *A condição do sociólogo*. No prefácio ao livro, Antonio Candido manifesta sua discordância em relação à análise ali desenvolvida, um "parecer meio desfocado" que, entretanto, revela a natureza intelectual de seu autor, "voltada apaixonadamente, sem meias medidas, para os interesses da coletividade" (p. viii). Florestan Fernandes sempre negou qualquer influência direta do Modernismo sobre sua formação. Segundo ele, no curso de madureza do colégio Riachuelo, quando expandiu suas leituras literárias, "valorizava muito mais Monteiro Lobato do que Mário de Andrade", conhecendo, por intermédio do primeiro, "coisas que me interessavam muito".[188] Guiando-se pela regra de que "é preciso ser duro na crítica do trabalho feito tanto quanto do tra-

---

[187] Ver, por exemplo, Souza, 1985 e 1987.

[188] Fernandes, 1978a, p. 31.

balho que se está fazendo", Florestan entende que o Modernismo era pra ser importante mas não foi, pois não produziu nenhum livro que contribuísse para o "conhecimento objetivo e a interpretação crítica do Brasil" (p. 33). Limitada, a reflexão modernista "fecha-se no mundo das contradições burguesas" e isso não é modernismo. "O modernismo é o *anti* da consciência conservadora (...). Ora, a consciência burguesa no Brasil é uma consciência conservadora: nenhum modernista tentou negar os dois momentos dessa superposição (...). Só Lima Barreto tentou penetrar nessa contraditória superposição, mas ele não está no movimento" (p. 35). Entre os modernistas, Mário de Andrade era o único "homem exigente" e, ainda assim, o era de modo desorganizado pois, embora possuísse a "dimensão humana de um *scholar*, não era um *scholar*" (p. 33), já que não havia tido a formação necessária para tal. Quando Mário de Andrade faz sua autocrítica, ele revela "um sentimento de culpa" de quem não fez o que era necessário. E, mesmo então, a crítica é falha, pois não lança o Modernismo em uma "direção de outro tipo, verdadeiramente negadora do mundo dos donos do poder. Mais do que qualquer outro grupo intelectual posterior, os modernistas cederam ao que deveriam se opor, sucumbindo a uma condição intelectual que pretendiam renunciar mas à qual não renunciaram" (p. 35).

O Modernismo, portanto, não cria um novo padrão intelectual; contudo, o prenuncia na medida em que se insere no clima de fermentação social dos anos 20, momento de emergência de "inquietações propriamente históricas e novas" (p. 36) que tomam conta dos espíritos dos intelectuais, frutificando nos anos 30, com a revolução e a implantação da Universidade em São Paulo. Para Florestan, o decênio de 20 não é só modernismo, é momento de uma profunda fermentação social da qual o modernismo é uma "singular expressão e não a causa". Momento de crise e de desagregação do Antigo Regime, que encampou o Estado após a abolição e a república, os anos 20 são uma "década de recuperação cívica, renovação econômica, intelectual e política" que prepara a revolução de 30. Inserida nesse processo, a criação da Faculdade de Filosofia, Ciências e Letras foi, de fato, uma inovação, atingindo "o fulcro das elites culturais e de sua dominação conservadora", ou seja, o modelo da escola superior isolada, "com seu profissionalismo estreito e seu provincianismo cultural fossilizante" (p. 37). Deu-se, portanto, um "enorme salto" trazendo os professores estrangeiros. Apesar de todas as deficiências, o resultado foi fecundo, gerando frutos renovadores que "testemunham uma revolução cultural" (p. 39). A idéia da universidade e a experiência universitária são, portanto, "rebentos desse contexto histórico, pelo qual a *modernidade burguesa* aparece, pela primeira vez, gravitando sobre eixos internos próprios. Se a modernização cultural desencadeada é tipicamente dependente, ela assume proporções maciças, é desencadeada a partir de dentro e tem por alvo utópico completar o circuito cultural e político da frustrada 'revolução republicana'" (p. 41). Então, "em termos de avanço relativo, o abalo produzido pela incrustração da Universidade e da Faculdade de Filosofia em um ambiente como o da cidade de São Paulo foi muito maior do que o que se produziu através do movimento modernista" (p. 39).

Inserido no circuito dos setores dominantes e suas elites, o intelectual brasileiro sempre teve liberdade total graças a essa vinculação estrutural que liberava a divergência, pois se acreditava que nunca se converteria em "fator de conflito contra a ordem" (p. 45). Esse padrão cultural — de liberdade consentida — é praticamente restabelecido depois de 45, após o fim do Estado Novo. Explorando amplamente, ao longo dos anos 50, sua liberdade em relação às pressões externas, os intelectuais levam sua independência ao auge no final da década, marcando, então, "o começo do fim". Revolucionando o padrão cultural histórico da sociedade brasileira, a vanguarda de intelectuais radicais provoca a violenta reação da consciência conservadora. Nos anos 60, em um momento de conflito que resulta da fecundidade intelectual do decênio anterior, "os intelectuais divergentes descobrem (...) que existia uma funda contradição entre os requisitos culturais da ordem social competitiva e o seu funcionamento sob o talão conservador" (p. 47). Daí dirigem-se para a exigência de um "alargamento da ordem", em um movimento de radicalização, pela abertura da sociedade de classes contra o controle conservador e a pressão reacionária. A intensa mobilização desgasta o controle externo da vida intelectual, fazendo com que os círculos conservadores busquem novos pontos de apoio para revitalizar os padrões mandonistas e a tolerância com a liberdade de pensamento dá lugar "à repressão e à exclusão. Em vários campos da ciência ou do saber, da Física à Sociologia, foi preciso chegar ao extremo das 'punições exemplares'" (pp. 39-40).

Em suma, por três décadas desenrola-se a história social da constituição, no Brasil, de um campo intelectual dotado de autonomia intrínseca e efetiva independência em relação às pressões externas. Antes da década de 30, o padrão cultural tradicional da sociedade brasileira garantia uma liberdade extrínseca ao produtor cultural. "São exatamente os professores das escolas de ensino superior que vão revelar uma atividade crítica maior, desgarrando-se desses limites" (p. 45). Nesse processo, a década de 40 caracteriza-se pela consolidação de um campo autônomo de atividade intelectual identificado ao modelo acadêmico universitário que, florescendo no decênio seguinte, gera, primeiro, um conflito criador e, em seguida, negativo e destrutivo, quando da reação burguesa e de seu Estado contra-revolucionário e da conseqüente destruição violenta da autonomia intelectual recém-conquistada.

Colocando lado a lado as duas leituras, em que pesem os diferentes momentos de sua produção e a diferença de estilo, nesse caso, determinada pela natureza diversa da linguagem no texto escrito e na entrevista, evidenciam-se as diferenças de interpretação quanto à importância intelectual dos modernistas em função da análise do alcance de sua independência em relação às classes dominantes e aos padrões culturais tradicionais na sociedade brasileira. Discordando totalmente quanto ao grau de autonomia alcançado pelos modernistas na São Paulo dos anos 20, Candido e Florestan trabalham, por outro lado, com a mesma perspectiva geral de abordagem, balizada pela noção fundamental de 'campo autônomo' e pelo problema básico da tensão entre a autonomia da cultura e os limites a ela impostos pela ordem vigente na sociedade de classes. Se é certo que os dois consagrados intelectuais personificam duas vertentes da reflexão sociológica, distinguem-se, contudo, no interior de uma mesma perspectiva geral, definidora do tipo de abordagem do problema e das categorias analíticas utilizadas. Segundo entendo, trata-se da perspectiva definida no início de suas experiências acadêmicas, distintiva do modo como se apropriam do projeto uspiano nos anos 40, alinhando-se à defesa das competências específicas por meio das quais o pensamento crítico pode chegar a exercer sua 'ação polêmica incessante', afrontando todo valor que, projetado a partir de outras esferas da vida social, põe limites ao progresso da inteligência criadora.

* * *

No início da década de 50, Florestan encontrava-se em plena maturidade sociológica, reconhecido por sua obra e conquistando velozmente posições na hierarquia acadêmica, com uma clara diretriz de atuação científica na pesquisa e na atividade docente. O fim do 'período de formação' é definido, portanto, pela maturidade sociológica alcançada com a tese sobre o método de interpretação funcionalista; pela conquista de uma posição institucional sólida na regência da cadeira de sociologia I e na coordenação de um programa coletivo de pesquisa; e pela atuação no debate intelectual nacional na defesa da autonomia da sociologia científica.

Em 1954, no bojo da ampliação do debate político que marca a década de 50 no Brasil, Florestan é convidado a dar uma palestra no Instituto Brasileiro de Economia, Sociologia e Política (IBESP) no Ministério da Educação.[189] Procedendo estritamente

---

[189] Criado em 1953, o IBESP reuniu o chamado 'grupo de Itatiaia', composto de intelectuais radicados no Rio de Janeiro que convencem o ministro da educação, Cândido Mota Filho, a criar um órgão de estudos para

como um sociólogo, analisa criticamente o tema do debate — a crise da democracia no Brasil — questionando as concepções pressupostas na formulação. Em um movimento distintivo do estilo acadêmico de abordagem, ele orienta a reflexão a partir do questionamento crítico do próprio tema. Em uma formulação bastante simplificada, pode-se dizer que Florestan recusa-se a fazer o diagnóstico dos motivos da crise da democracia na sociedade brasileira, indagando: como é possível que a democracia esteja em crise em uma sociedade que está longe de constituir-se como sociedade democrática? Penso que se pode considerar o episódio como um marco no inflamado debate dos anos 50 entre Florestan e Guerreiro Ramos acerca dos rumos da sociologia no Brasil em torno das ênfases na teoria ou na prática, no qual o primeiro posiciona-se pela defesa da autonomia da ciência e por uma prática sociológica balizada pelos critérios intrínsecos ao seu campo de estudos. Embora não vá tratar desse momento, parece-me que a consideração do 'período de formação' não deixa de fornecer elementos importantes para uma futura análise desse debate que expõe, como já observou Gabriel Cohn,[190] as significativas nuanças pelas quais Florestan e Guerreiro formulam suas perspectivas opostas quanto à questão das relações entre ciência, poder político e sociedade nacional.

Iniciando seu trabalho na cadeira de sociologia I, da qual tornou-se regente em fins de 1954, Florestan concentrou-se na mon-

---

assessoramento ao Estado. O IBESP agregou então todos os que, dois anos depois, estão na linha de frente do ISEB — Instituto Superior de Estudos Brasileiros —, criado em 1955 pelo Ministério da Educação com o mesmo intuito do instituto anterior. Membro do grupo desde o início, o baiano Alberto Guerreiro Ramos torna-se um dos mais eminentes representantes do pensamento isebiano nos anos 50. Para a análise da história do IBESP e do ISEB ver Toledo, 1978.

[190] Em apresentação à entrevista de 1981 de Florestan. Cf. Fernandes, 1995a, p. 4.

tagem de um grupo de pesquisa direcionado segundo um programa de investigação dos processos de mudança social no Brasil por meio da análise das relações raciais em São Paulo e em outros estados brasileiros. Em torno desse programa, desenvolveu-se a chamada "escola paulista de sociologia" que de 1955 a 1969 marcou a linha de trabalho da Faculdade de Filosofia sob a batuta do sociólogo-cientista Florestan Fernandes, exercendo grande influência nas ciências sociais praticadas no Brasil até a segunda metade dos anos 70. Na seriação consagrada, é o momento da plena constituição da segunda fase acadêmica de Florestan, marcada pela preocupação com a explicação sociológica dos dilemas da modernização na sociedade brasileira. Alguns comentaristas marcam essa fase em 1951, data da redação do projeto de estudo das relações raciais; outros preferem 1955, quando essa linha de pesquisa institucionaliza-se de forma mais plena, dadas as novas condições de trabalho do chefe da equipe, agora regente da cadeira.

O dinamismo intelectual na década de 50 é notável, marcado pela realização de vários congressos de folclore, de sociologia e de antropologia e pela criação de associações disciplinares como a Sociedade Brasileira de Sociologia, em 1950, e a Associação Brasileira de Antropologia, em 1955.[191] Florestan Fernandes desempenha um papel central nessa movimentação, expandindo e desenvolvendo sua perspectiva sociológica ao delinear as fronteiras externas à ciência e demarcar as áreas disciplinares internas ao campo de estudos sociais científicos. Nessa perspectiva, analisa e define o folclore, as humanidades e as artes, a sociologia, a etnologia, a ciência e a política. Além disso, sua produção nos anos 50 é marcada por um desdobramento específico de sua perspectiva cientificista, por meio do desenvolvimento dos estudos sobre

---

[191] Para a história das associações institucionais dos estudiosos do folclore e os debates em torno da definição das fronteiras disciplinares no período anterior ver, especialmente, Rubino, 1995, Cavalcanti e Vilhena, 1990 e Correa, 1988 e 1995.

a sociologia aplicada, a partir da diretriz definida por Mannheim, da 'política como ciência'.[192] Para caracterizar essencialmente o período, do ponto de vista da atuação de Florestan, o ponto central é a busca do desenvolvimento de uma sociologia de orientação científica concentrada no diagnóstico e análise dos problemas da sociedade nacional. Em uma fórmula sintética, a década é identificada ao momento da criação de uma sociologia *do* Brasil; segundo Florestan, uma etapa que se desdobra a partir de seu trabalho na década anterior, de estabelecimento das bases da sociologia *no* Brasil.

Entre o fim da década de 50 e o início do decênio seguinte situa-se o momento de maior expansão dessa diretriz, quando Florestan Fernandes sai em campanha por todo o país em defesa da educação e da escola pública e, em seguida, das reformas de base. Identificada à sua terceira fase acadêmica, ela caracteriza-se, em geral, pela radicalização da interpretação dos dilemas da modernidade na sociedade brasileira em termos da dependência estrutural dos países subdesenvolvidos e, portanto, na direção da revolução contra a ordem, diversamente do período anterior, identificado ao avanço revolucionário dentro da ordem social competitiva. Duas obras principais marcam essa fase, *A sociologia numa era de revolução social*,[193] de 1963, considerada a 'obra de viragem' para a nova diretriz,[194] e *A integração do negro na sociedade de classes*.[195] Com esse trabalho de 1964, Florestan tornou-se catedrático da USP, chegando, assim, ao ápice da carreira acadêmica. Resultado de anos de trabalho sobre o tema, ele sistematiza sua leitura crítica da "questão racial" no Brasil, desconstruindo o mito da democracia racial brasileira. Segundo a intér-

---

[192] Cf. Fernandes, 1976a.

[193] Fernandes, 1976b.

[194] Cf., em especial, Cohn, 1986, p. 147 e Arruda, 1995a, p. 175.

[195] Fernandes, 1978b.

prete Élide Rugai Bastos, a análise rompe com o "círculo vicioso das interpretações sobre a formação nacional. Não são elementos de ordem cultural as causas da não-integração do negro na sociedade de classes, mas as condições engendradas e mantidas pelo processo de anomia e pauperização, resultantes da exclusão do mercado de trabalho e da desorganização social geradora do não-ajustamento às condições urbanas".[196] Vinte e um anos após a primeira formulação crítica a Gilberto Freyre, Florestan Fernandes produz uma obra que se torna a referência básica da superação do enfoque culturalista para o exame das relações de desigualdade entre brancos e negros no Brasil.

Em um momento de intensa efervescência intelectual e política, envolvido de corpo e alma na luta contra a ditadura e nos inflamados debates com as posições divergentes dos vários grupos políticos de esquerda, Florestan personificava a "sociologia crítica e militante" que defendia como padrão de atuação intelectual: atuação que articula organicamente a análise objetiva da realidade social e a liderança da ação política de transformação da sociedade. Pautando-se por ela, Florestan vive um período intensamente dramático, disposto a buscar de todos os modos o caminho para a racionalização da ordem socioeconômica no Brasil até o momento do desfecho violento dessa fase de sua vida, com a cassação em 1969.

---

[196] Bastos, 1987, p. 148.

6.
EPÍLOGO

Na condição de professor universitário cassado, Florestan saiu do Brasil para uma longa estadia no exterior fugindo, como tantos outros, das perseguições da ditadura e em busca de trabalho. Desligado da USP após 28 anos de dedicação total, ele perdeu a principal referência de sua identidade pessoal, profissional e intelectual. Uma mágoa profunda sempre marcou a lembrança do expurgo e seguiu sendo o sentido fundamental do acontecimento ao longo dos anos. "A ditadura me puniu pelo que eu fiz de bom." Não por ter sido um subversivo clandestino, mas "pelos dados do meu currículo": os trabalhos sobre os negros, a função dos partidos políticos, o planejamento "e, principalmente, sobre a liberdade da ciência".[197]

Florestan foi para o Canadá na condição de *Latin American in residence* na Universidade de Toronto, onde permaneceu como professor até 1971. O período no Canadá coincide, assim, quase exatamente com o período de crise, entre 1969 e 1972.[198] Na Introdução ao curso de pós-graduação "A sociologia em uma época de crise de civilização", ministrado na Pontifícia Universidade Católica de São Paulo em 1978, Florestan define a crise que atingiu, imediatamente após a cassação, sua "identificação com a sociologia e com os papéis intelectuais do sociólogo".[199] "A sociologia perdeu o seu encanto, para mim; e o sociólogo profissio-

---

[197] Fernandes, 1995a, p. 18.

[198] Cf. Fernandes, 1980, p. 12.

[199] Fernandes, 1980, p. 12.

nal converteu-se numa pessoa que luta mais para sobreviver e ganhar a vida — enfim, para preservar e reforçar sua condiçãozinha de *classe média* — do que pela verdade inerente à natureza científica e, portanto, revolucionária da explicação sociológica. Queiramos ou não, sob o capitalismo e dentro de uma sociedade capitalista ('forte' ou 'fraca'; 'democrática' ou 'autocrática'), os controles externos e a repressão da imaginação criadora corroem tanto a *sociologia como ciência*, quanto os *papéis intelectuais construtivos* do sociólogo" (p. 11).

O que está em questão nesse comentário não é a potencialidade do pensamento científico como tal, em função de suas próprias características, mas a análise de suas possibilidades de constituição e de desenvolvimento em uma certa ordem sociohistórica. A idéia do que a ciência pode e deve ser não é o foco do questionamento, por outro lado, uma reviravolta atinge a análise das condições sociais necessárias à implantação efetiva desse tipo de conhecimento. Florestan reafirma essa mesma idéia em *A condição de sociólogo*, em um trecho de autocrítica quanto a suas convicções até os anos 60: "Em uma sociedade planificada — e uma sociedade planificada em escala nacional deve ser necessariamente socialista — é provável que a ciência adquira as funções que eu presumia: a de que a linguagem científica, o rigor científico, ao invés de serem um elemento de distorção, sejam um elemento de precisão e de eficácia".[200] O modo como o capitalismo tardio apropria-se da racionalidade cognitiva, passando a orientar a produção científica segundo os fins específicos da reprodução da ordem e da dominação, atinge de forma violenta a força emancipatória potencial, historicamente constituída, do pensamento racional e da atividade intelectual profissionalizada nas universidades e institutos e laboratórios de pesquisa. Resguardando a concepção racionalista da ciência, Florestan Fernandes passa da perspectiva da revolução dentro da ordem para a da revolução contra a ordem, re-

---

[200] Idem, 1978a, pp. 82-3.

jeitando a academia existente e voltando-se para a luta político-partidária, na qual se engaja em uma vertente de orientação socialista, em sua incansável luta pela racionalização da vida coletiva.

Na dinâmica dos relatos orais, a força da convicção científica de Florestan manifesta-se em significativas oscilações de perspectiva, entre diagnósticos cortantes dos fatores sociais condicionantes da própria posição intelectual e trajetória institucional e comentários compreensivos acerca dos ideais, valores e diretrizes que davam sentido geral àquelas posições. Considerando apenas os principais problemas suscitados pelo 'período de formação', procuro mostrar, a seguir, como Florestan expõe de dois diferentes modos sua própria trajetória institucional, seu percurso intelectual, sua relação com a ciência e a política revolucionárias.

Segundo a 'versão realista' de sua trajetória, ele afirma que "em uma sociedade como a brasileira, naquela época, o difícil era chegar-se ao topo, isto é, ao reconhecimento de que a pessoa merecia ou podia pertencer à elite intelectual. Vencido esse rubicão, o resto dependida da tenacidade ou do valor do candidato. Penso que envolvi com ardor as duas coisas na realização da minha carreira, porque brotava, de dentro de mim, uma energia inesgotável, nascida da necessidade psicológica de suplantar-me — de negar-me como um antigo lumpen-proletário — e, ao mesmo tempo, de suplantar os 'outros', de vencê-los no seu próprio terreno e segundo as regras do jogo que nele prevaleciam".[201] Segundo seu juízo cortante, a necessidade de auto-afirmação explica seu envolvimento total com a carreira acadêmica e a vida institucional e, ainda, a orientação cientificista e as obsessões metodológicas, pelas quais ele provava a si mesmo e aos concorrentes a própria capacidade intelectual, seguindo estritamente os critérios identificados ao campo institucional. Contudo, em outro momento, a questão substantiva retorna ao primeiro plano e ele relativiza: "Talvez, pode ser que a minha origem modesta tenha me levado

---

[201] Idem, 1977, pp. 162-3.

a me suplantar. Procurar alguma interpretação psicanalítica poderia sugerir que eu praticamente quisesse me afirmar por um rigor científico implacável. Mas eu não acho que seja, não. Eu tenho impressão que o rigor faz parte da investigação científica. (...) onde existe ciência existe rigor. Não pode haver evasão, onde não há rigor, não há precisão da descrição, não há objetividade, então está havendo pseudociência. Você lembra a polêmica que eu tive com o Guerreiro Ramos, quer dizer, você não pode ter meia ciência, você não pode ter meia mulher grávida, está grávida ou não está. A ciência também, ou você corresponde a uma descrição precisa e depois você pode trabalhar analiticamente com os dados e com as interpretações ou então não há".[202]

Quanto ao curso dos mestres estrangeiros, como já expus, Florestan é extremamente crítico. Retomando sua avaliação 'realista' a respeito, descrita anteriormente, o ponto central, para ele, é que o curso era basicamente inadequado ao contexto, pois não se estabelecia qualquer conexão entre a idéia de Universidade e os recursos do ambiente nacional e o potencial concreto dos estudantes brasileiros. Continuando a reflexão, porém, ele muda de perspectiva para afirmar que o fato do curso ter sido inadequado "foi bom. Porque não se usavam mamadeiras". Referindo-se à própria experiência de autodidatismo e os rápidos e importantes progressos que pôde fazer logo no primeiro ano, conclui: "sem a relação maternal, sem mamadeira, o estudante cresce, amadurece".[203] Outro aspecto do mesmo assunto é a orientação curricular que então se adotava. Por um lado, para Florestan, o curso não contemplava a formação do pesquisador, com seu ensino eclético e sua ênfase no aspecto teórico, isto é, cursos monográficos de balanço do 'estado da arte' em certas áreas de estudos.[204] Entre-

---

[202] Idem, 1995a, p. 15.

[203] Idem, ibidem, p. 9.

[204] Cf. Fernandes, 1977, p. 7.

tanto, comentando, em outra ocasião, seus estudos independentes a partir de 1943, ele aponta para aspectos que relativizam a análise anterior. Por exemplo, ao observar que correu então um grande risco, já que aqueles estudos poderiam ter levado a um "resultado péssimo", se ele não tivesse tido a sorte de fazer o curso que fez, que lhe permitiu "selecionar autores, saber trabalhar com os autores, quer dizer que, no fundo, eu tinha tido a preparação para poder passar por isso" (p. 9).[205]

Quanto à própria atuação como docente, Florestan identifica um primeiro período em relação ao qual faz sua autocrítica. Ao longo dos depoimentos, porém, encontram-se observações que revelam importantes matizes em seu modo de expor a questão da atuação do professor em sala, tendo em vista os objetivos da formação acadêmica. Em uma das exposições de caráter 'realista', ele relata: "Em 1949, por exemplo, via que começava o primeiro semestre com uma classe de cinqüenta ou sessenta alunos. Quando chegava ao segundo semestre, estava com vinte ou vinte e cinco alunos! Eles fugiram do curso — ou seja, de mim! Fugiam porque não tinham como acompanhar aquele curso. Dentro do meio intelectual brasileiro essa tem que ser a regra. O estudante conta com condições precárias para montar sua vida intelectual".[206] Em outra ocasião, retoma o assunto a partir da mesma descrição da evasão de metade dos alunos no meio de seu curso. "A Faculdade tinha crescido em prestígio e as classes eram grandes, eu começava com 45-50 estudantes, quando chegava na metade do semestre eu tinha 25 ou menos, mas aí era milho que ia virar pipoca. (...) Os que não tinham realmente uma vinculação séria com as aspirações de carreira ou de estudo migravam, saíam dali."[207]

---

[205] Fernandes, 1995a, p. 9.
[206] Idem, 1978a, p. 20.
[207] Idem, 1995a, pp. 9-10.

Na ótica da leitura 'realista', Florestan explica a mentalidade predominante na Faculdade de Filosofia nos anos 30 e 40 por uma avaliação equivocada do alcance da experiência universitária naqueles moldes no contexto brasileiro. Segundo ele, a alta qualidade do ensino no curso de graduação "fazia com que nós todos tivéssemos uma certa propensão muito abstrata e superestimássemos a Universidade pois essa precariedade toda fazia com que nós procurássemos segurança em termos de uma imaginação criadora. Naturalmente, para compensar as deficiências do trabalho que fazíamos e que sentíamos, éramos obrigados a pensar que não só a Universidade de São Paulo tinha um embasamento satisfatório, mas, de outro lado, que a própria universidade e a vida universitária podiam ser implantadas nas condições precárias em que as coisas corriam aqui, sem conseqüências maiores do ponto de vista da formação intelectual. (...) era uma simplificação, (...) que dava sentido ao nosso tipo de ajustamento".[208] Em outro momento, Florestan dá espaço à 'versão idealista' do mesmo período, no bojo de um comentário sobre a obra de Antonio Candido. Considerando a "primeira estação" da carreira de Candido, definida como de "agitador de idéias por meio dos ensaios jornalísticos", ele afirma a importância da atuação dos *chato boys*, entre os quais se inclui, no Brasil dos anos 40. Naquele momento, a obra de Candido "demonstrava o que a nossa Faculdade representou para sacudir o atraso cultural no Brasil. Coube a Antonio Candido mostrar o que os 'chato boys' significavam em um mundo de mistificações e de colonização cultural permanente. Os seus artigos, aguardados e lidos com sofreguidão, selaram o nosso destino intelectual e político. Constituíamos uma ponte entre o esplendor da civilização ocidental moderna e a rusticidade de nossas origens remotas e recentes. Reagíamos à colonização invisível sem repudiar o seu legado: auto-emancipação destituída de rancor e ressentimentos, com profunda afirmação da liberação

---

[208] Idem, 1978a, p. 5.

mental, ética e política. Víamos na rusticidade todos os seus elos e cadeias, amando, porém, a condição humana de brasileiros e seus produtos culturais, do folclore à 'alta cultura'. Os modernistas haviam feito bulha demais e quebrado muita louça. A nossa função consistia em construir e em encaminhar os jovens em outra direção. Não existiam galerias. Todos deviam participar (...) Equilíbrio e moderação, esse era o sentido do roteiro que brotava de uma crítica cotidiana, convertida por Antonio Candido em pregação de civilidade".[209]

A linha de pesquisa com a qual trabalhou no período inicial de sua carreira acadêmica é, em alguns momentos, alvo de duras críticas. Na entrevista de 1981, ele afirma que as três teses, de mestrado, doutorado e livre-docência, resultaram em uma experiência dramática. "Se aquilo poderia ser importante na Europa, decididamente não era conveniente para nós" e "o trabalho intelectual do pessoal que estava se congregando ao meu lado deveria ter outra orientação, outra direção. E por isso nenhum deles repetiu esse padrão. Tudo que eu procurei fazer ficou como parte da armadura do guerreiro. A pessoa precisa se armar para enfrentar a vida".[210] No viés da interpretação 'realista', Florestan volta a associar diretamente seu vínculo com a sociologia científica à sua necessidade pessoal de provar o próprio valor intelectual, condicionada por suas origens sociais. De todo modo, sabe-se que Florestan não abandonou essa linha de trabalho em 1953, ao concluir a tese sobre o método de interpretação funcionalista. Os trabalhos desenvolvidos com a mesma orientação ao longo dos anos 50 também são alvo de suas considerações críticas: "Durante um período da minha vida fui seduzido pela idéia de me especializar em temas lógicos e metodológicos (...). Eu corri o risco, então, de me tornar uma figura mais ou menos ridícula no cenário bra-

---

[209] Idem, 1995b, pp. 95-6.

[210] Idem, 1995a, p. 13.

sileiro; pelo menos um *scholar* extravagante, já que não tínhamos condições para alimentar ambições tão complexas. (...) O que eu fazia tinha importância para mim. Até que ponto poderia ser importante para os outros? (...) Portanto, na medida em que avançava nessa direção, corria o risco de reproduzir, no cenário brasileiro, a carreira do *scholar* de tipo europeu. Ora, aí não estava o que eu queria!".[211] É certo, entretanto, que o fez. E, segundo ele, na seqüência da mesma entrevista, mas a partir de outra perspectiva, "se eu tivesse que começar a minha carreira de novo eu voltaria, nas condições daquela época, àqueles temas. No campo da sociologia geral fiz um trabalho que não poderia ser diferente, no momento em que eu vivia. (...) Nós estávamos ainda no começo (...). Eu não podia ir mais longe do que fui. E acho que, ao tentar combinar influências teóricas que vinham dos Estados Unidos e da Europa e concentrar a reflexão crítica em Marx, Durkheim e Weber, estava fazendo algo de muito sentido para a formação dos sociólogos brasileiros" (p. 79). E, mais adiante, rebatendo as críticas ao seu funcionalismo, refere-se aos estudos teóricos sobre organização social, a guerra e as técnicas de formação da inferência e de explicação sociológica: eles "deixam claro o quanto essas críticas são injustas e deslocadas. Não só elas ignoram o que eu pretendia, podia e devia fazer; elas deixam completamente de lado que a ciência não se faz de 'um dia para o outro'. Naquele momento, eu não era, apenas, um jovem abrindo *o seu caminho* dentro da Sociologia. Eu abria também caminho para outros, que vinham depois e, de modo mais geral, para o desenvolvimento do pensamento sociológico no Brasil. A análise estrutural-funcional que pratiquei foi instrumental em todas essas direções" (pp. 89-90). Um pouco mais adiante, Florestan reafirma a defesa da orientação funcionalista que utilizou. A análise estrutural-funcional "tem sido ameaçada por causa de tendências conservadoras de sociólogos e antropólogos norte-americanos e europeus. Os mar-

---

[211] Idem, 1978a, pp. 16-7.

xistas mais ou menos dogmáticos, por causa do conservantismo desses cientistas sociais, atacam os seus conceitos, as suas teorias e os seus métodos. Seria o caso de perguntar se esse ataque é correto. Se tudo deve ser destruído; e se, realmente, a análise estrutural-funcional, no caso da sociologia descritiva e da sociologia comparada, não tem utilidades descritivas, analíticas e lógicas específicas, que não estão sujeitas à controvérsia — qualquer que seja a posição política, ideológica ou intelectual do investigador. (...) Devemos evitar as confusões inúteis e as polêmicas estéreis" que "confundem o ataque à sociologia positivista aos recursos e aos instrumentais de investigação da sociologia empírico-indutiva" (pp. 108-9).

Seguindo a perspectiva de interpretação por mim adotada para a abordagem dos depoimentos de Florestan Fernandes, o que as diversas oscilações sugerem é que, para dar conta de seu percurso intelectual, melhor que contrapor as duas versões é considerá-las como duas dimensões do mesmo fenômeno. Não se trata de negar as distintas fases de sua trajetória, marcada, em especial, pela passagem teórico-prática do funcionalismo ao marxismo e do *scholar* ao militante político, mas de considerar como a mudança se faz sem configurar uma ruptura na perspectiva geral a partir da qual Florestan coloca-se diante dos problemas que enfrenta. O ponto em questão envolve a possibilidade de uma coerência de base na conduta pessoal que aponta para o rigor de procedimento da conduta científica e pública, da direção sociológica e política, da obra e da vida. Trata-se, em suma, de reconhecer a importância fundante da dimensão ética na posição cientificista de Florestan.

Elemento distintivo de seu temperamento desde a meninice, a integridade mantém-se como o valor fundamental pelo qual se pauta durante toda a vida. Trata-se de enfrentar frustrações e decepções altivamente, sem abrir mão dos ideais, qualidade humana fundamental que ele admira, enternecido, em seu amigo Hermínio Sacchetta. Em depoimento sobre o antigo companheiro do movimento trotskista, Florestan nos fala, indiretamente, mas de forma muito clara, de si mesmo: "Esse homem defrontou-se com a ética do revolucionário nas piores condições imagináveis. (...) Todavia, nunca demonstrou qualquer renúncia às idéias e às posições assumidas". Como todos que sonhavam com a promessa socialista nos anos 60, Hermínio foi vítima de um "ardil da história". Mas "preservou o seu domínio interior e a força que projetava sua imaginação para a frente, sem dobrar-se às vicissitudes que o feriram e amarguraram".[212] Para o sociólogo, Hermínio Sacchetta "suscita um problema específico de interpretação da história política": "o que leva um homem a resistir, ao longo de sua vida, a todas as provações e 'evidências negativas', preservando intocável sua integridade política? Penso que, sob o capital industrial e as pressões destrutivas da opressão ditatorial, a resposta de conteúdo político possui uma natureza psicológica". Dada a ausência de um movimento coletivo forte, "a pessoa ficava largada a si própria, ao seu potencial ou propensão de identidade abstrata com uma utopia revolucionária. (...) O marxista de extrema-esquerda (...) dependia da formação de um horizonte intelectual e político centrado na pureza da utopia" (p. 162). Assim, o "socialismo potencial" é o elemento psicológico que explica a postura política e "a vitória sobre traumas, frustrações e decepções" (p. 162) de um "marxista revolucionário inquebrantável" (p. 161). Em um encontro casual na rua 7 de Abril, Florestan revê o velho amigo, punido pela ditadura militar, sem emprego e passando por diversas dificuldades. "Apesar da insegurança, estava ereto, como sempre, mantinha o seu ar varonil sem arrogância e demonstrava fé na ciência e no porvir. Não era o movimento proletário revolucionário que o sustinha. Mas o socialismo como chama interior (...)" (p. 163). A leitura de Florestan fala, principalmente, da dimensão ética de sua própria conduta, definida por seu modo de incorporar, do estilo de vida subalterno, a valorização da integridade pessoal como forma de enfrentar as condições degradantes

---

[212] Idem, 1995b, p. 161.

de vida. Tal como seu querido companheiro de ideais, Florestan foi vítima de vários ardis da história. Parafraseando-o, pode-se dizer que, a despeito de todas as 'evidências empíricas', ele nunca abriu mão de sua fé na ciência e na racionalização da vida social. Em seu caso também, portanto, não era o progresso histórico dos ideais da sociedade livre e igualitária que o sustinha, mas a racionalização das relações sociais de dominação e exploração como "chama interior". Seguindo a diretriz geral que orienta esta interpretação, não se trata de contrapor a dimensão psicológica e pessoal às dimensões coletivas da sociedade e da cultura, como se fossem duas ordens completamente distintas e apartadas entre si. Como se viu, a autoconstrução mental e psíquica, o autodesenvolvimento ético, em suma, a 'formação' de Florestan Fernandes dependeu diretamente das possibilidades presentes na configuração sociohistórica da metrópole paulistana e, em especial, em seu campo intelectual e universitário. Isso significa que a excepcionalidade da vida de Florestan é indissociável das perspectivas e promessas extraordinárias próprias de seu tempo de formação, dos primórdios da modernidade em São Paulo e do período inicial da constituição da experiência universitária paulista.

De fato, a figura de Florestan Fernandes é cercada, em diversas dimensões, pelo signo do notável, do que se distingue do normal e ordinário. Considerado isoladamente, o simples percurso de ascensão social já traz essa marca, como todas as biografias de indivíduos que, em sociedades profundamente estratificadas, conseguem superar uma condição social desfavorável e desqualificada. Em outra esfera, a estatura intelectual por ele conquistada carrega também os traços da realização singular, imprimindo assim às dimensões sociais, profissionais e intelectuais de sua experiência a qualidade do que é fora do comum. Em uma perspectiva delimitada pelo caráter exploratório da abordagem, este exercício de reconstrução parcial de seu itinerário intelectual permite ainda entrever um outro sentido do extraordinário em sua vida, delineando o perfil de uma personalidade divergente, que incorpora, confronta e contraria as possibilidades históricas, que combina adaptação e desajuste, adesão e resistência, ortodoxia e heterodoxia em configurações notáveis. Ao inserir sua experiência pessoal no contexto de seu próprio tempo, a história de vida de Florestan Fernandes revela eixos gerais de sentido de um percurso humano excepcional, vivido muitas vezes de modo atormentado, às voltas com equívocos e frustrações, e sempre obstinado. Mesclando realismo e idealismo, autor de uma obra orientada para a busca da explicação racional da realidade social e sujeito de uma experiência marcada pela utopia da racionalização da convivência humana, Florestan ocupa a posição socialmente rara de um intelectual exemplar que, mesmo quando adere de corpo e alma ao seu tempo, o faz sem adequar-se totalmente às circunstâncias dadas, forjando um destino ímpar que sobressai no cenário nacional, comparado ao destino habitual daqueles que, muito bem socializados, identificam-se totalmente ao espírito do presente, jamais o desrespeitam e por isso sempre fazem uso dele, sabendo aproveitar todas as oportunidades que lhes são oferecidas em qualquer ocasião.

BIBLIOGRAFIA

ALMEIDA JR., A. (1958). "A Faculdade de Direito e a cidade". *In*: Vários autores, *Ensaios paulistas*. São Paulo: Anhambi, pp. 43-64.

ANDRADE, Oswald de (1991). "Antes do marco zero". *In*: *Ponta de lança*. São Paulo: Globo, pp. 66-70.

ARANTES, Paulo (1994). *Um departamento francês no ultramar: estudos sobre a formação da cultura filosófica uspiana*. Rio de Janeiro: Paz e Terra.

ARRUDA, Maria Arminda do Nascimento (1995a). "A sociologia no Brasil: Florestan Fernandes e a 'escola paulista'". *In*: MICELI, Sergio (org.), *História das ciências sociais no Brasil*, vol. 2. São Paulo: Sumaré, pp. 107-231.

_____ (1995b). "Formação e perfil de um sociólogo: a trajetória acadêmica de Florestan Fernandes". *In*: ADORNO, Sergio (org.), *A sociologia entre a modernidade e a contemporaneidade*. Porto Alegre: Editora da Universidade, UFRGS, pp. 117-29.

_____ (1996). "Arremate de uma reflexão: a revolução burguesa no Brasil de Florestan Fernandes". *Revista USP*, São Paulo, 29: 56-65, mar./abr./maio.

AZEVEDO, Fernando de (1937). *A educação pública em São Paulo: problemas e discussões*. São Paulo: Companhia Editora Nacional.

_____ (1944). *A cultura brasileira*. São Paulo: Companhia Editora Nacional.

_____ (1958). "A Universidade de São Paulo". *In*: Vários autores, *Ensaios paulistas*. São Paulo: Anhambi, pp. 215-26.

BASTOS, Élide Rugai (1987). "A questão racial e a revolução burguesa". *In*: D'INCAO, Maria Angela (org.), *O saber militante: ensaios sobre Florestan Fernandes*. Rio de Janeiro: Paz e Terra, pp. 140-50.

BECKER, Howard S. (1993). *Métodos de pesquisa em ciências sociais*. Tradução de Marco Estevão e Renato Aguiar. São Paulo: Hucitec.

BOBBIO, Norberto (1988). *Liberalismo e democracia*. Tradução de Marco Aurélio Nogueira. São Paulo: Brasiliense.

BOLLE, Willi (1997). "A idéia de formação na modernidade". In: GHIRALDELLI JR., Paulo (org.), *Infância, escola e modernidade*. São Paulo/Curitiba: Cortez/Editora da UFPR, pp. 9-32.

BOSI, Alfredo (1983). *História concisa da literatura brasileira*. São Paulo: Cultrix.

BOURDIEU, Pierre (1989). "The corporatism of the universal: the role of intellectuals in the modern world". Tradução de Carolyn Betensky. *Telos*, Nova York, 81: 99-110.

_____, PASSERON, Jean-Claude e CHAMBOREDON, Jean-Claude (1994). *El oficio de sociólogo*. Tradução de Fernando Hugo Azcurra. México/Madri: Siglo Veintiuno Editores/Siglo Veintiuno de España Editores.

CARDOSO, Fernando Henrique (1981-84). "Depoimento". *Língua e Literatura*, São Paulo, FFLCH-USP, (10-13): 158-79.

CARDOSO, Irene Ribeiro (1982). *A universidade da comunhão paulista*. São Paulo: Autores Associados/Cortez.

_____ (1987). "Entrevista com Roger Bastide". *Discurso*, São Paulo, 16: 181-97.

CARDOSO, Miriam Limoeiro (1995). *Para uma história da sociologia no Brasil: a obra sociológica de Florestan Fernandes. Algumas questões preliminares*. Coleção Documentos, Série Teoria Política 8, Instituto de Estudos Avançados, USP, maio.

_____ (1996). "Florestan: a criação de uma problemática". *Estudos Avançados*, São Paulo, (10) 26: 89-128, jan./abr.

_____ (1997). *Capitalismo dependente, autocracia burguesa e revolução social em Florestan Fernandes*. Coleção Documentos, Série História Cultural 6, Instituto de Estudos Avançados, USP, jul.

CASTRO, Eduardo Viveiros de (1986). *Arawetê: os deuses canibais*. Rio de Janeiro: Zahar.

_____ e CUNHA, Manuela Carneiro da (1986). "Vingança e temporalidade: os tupinambás". *Anuário Antropológico/85*, Rio de Janeiro: Tempo Brasileiro, pp. 57-78.

CAVALCANTI, Maria Laura Viveiros de Castro e VILHENA, Luis Rodolfo da Paixão (1990). "Traçando fronteiras: Florestan Fernandes e a marginalização do folclore". *Estudos Históricos*, Rio de Janeiro, (3) 5: 75-92.

COELHO, Ruy (1981-84). "Depoimento". *Língua e Literatura*, São Paulo, FFLCH-USP, (10-13): 121-33.

COHN, Gabriel (1986). "Padrões e dilemas: o pensamento de Florestan Fernandes". *In*: MORAES, Reginaldo, ANTUNES, Ricardo e FERRANTE, Vera B. (orgs.), *Inteligência brasileira*. São Paulo: Brasiliense, pp. 125-48.

_____ (1987). "O ecletismo bem temperado". *In*: D'INCAO, Maria Angela (org.), *O saber militante: ensaios sobre Florestan Fernandes*. Rio de Janeiro: Paz e Terra, pp. 48-53.

CORREA, Mariza (org.) (1987). *História da antropologia no Brasil (1930-1960). Testemunhos I, Emílio Willems e Donald Pierson*. Campinas: Vértice/Editora da UNICAMP.

_____ (1988). "Traficantes do excêntrico: os antropológos no Brasil dos anos 30 aos anos 60". *Revista Brasileira de Ciências Sociais*, São Paulo, ANPOCS, (6) 3: 79-98.

_____ (1995). "A antropologia no Brasil (1960-1980)". *In*: MICELI, Sergio (org.), *História das ciências sociais no Brasil*, vol. 2. São Paulo: Sumaré, pp. 25-106.

DEBERT, Guita G. (1986). "Problemas relativos à utilização da história de vida e história oral". *In*: CARDOSO, Ruth (org.), *A aventura antropológica*. Rio de Janeiro: Paz e Terra, pp. 141-56.

DURHAM, Eunice (1987). "Formando gerações". *In*: D'INCAO, Maria Angela (org.), *O saber militante: ensaios sobre Florestan Fernandes*. Rio de Janeiro: Paz e Terra, pp. 19-22.

FAORO, Raymundo (1975). *Os donos do poder: formação do patronato político brasileiro*, 2 vols. Porto Alegre/São Paulo: Globo/EDUSP.

FERNANDES, Florestan (1952). *A função social da guerra na sociedade Tupinambá*. São Paulo: Museu Paulista.

_____ (1963). *Organização social dos Tupinambá*. 2ª ed. São Paulo: Difusão Européia do Livro.

_____ (1967). *Fundamentos empíricos da explicação sociológica*. 2ª ed. São Paulo: Companhia Editora Nacional.

_____ (1972). *O negro no mundo dos brancos*. São Paulo: Difusão Européia do Livro.

_____ (1974). *A revolução burguesa no Brasil: ensaio de interpretação sociológica*. Rio de Janeiro: Zahar.

_____ (1975). *A investigação etnológica no Brasil e outros ensaios*. Petrópolis: Vozes.

_____ (1976a). *Ensaios de sociologia geral e aplicada*. 3ª ed. São Paulo: Livraria Pioneira Editora.

_____ (1976b). *A sociologia numa era de revolução social*. 2ª ed. Rio de Janeiro: Zahar.

_____ (1977). *A sociologia no Brasil*. Petropólis: Vozes.

_____ (1978a). *A condição de sociólogo*. São Paulo: Hucitec. Publicação prévia: "Entrevista sobre o trabalho teórico". *Trans/form/ação*. Assis, FFCL, nº 2, 1975. (Entrevista concedida a A. T. Menezes Arruda, C. Navarro de Toledo, J. F. T. Lima e U. T. Guariba Neto.)

_____ (1978b). *A integração do negro na sociedade de classes*, 2 vols. 3ª ed. São Paulo: Ática.

_____ (1979). *Folclore e mudança social na cidade de São Paulo*. 2ª ed. Petrópolis: Vozes.

_____ (1980). *A natureza sociológica da sociologia*. São Paulo: Ática.

_____ (1989). *O folclore em questão*. 2ª ed. São Paulo: Hucitec.

_____ (1995a). "Florestan Fernandes, história e histórias". *Novos Estudos*, São Paulo, Cebrap, 42: 3-31, jul. (Entrevista concedida a Alfredo Bosi, Carlos Guilherme Mota e Gabriel Cohn em São Paulo, Museu da Imagem e do Som, 26 jun. 1981.)

_____ (1995b). *A contestação necessária*. São Paulo: Ática.

_____ (1996). "Florestan Fernandes por ele mesmo". *Estudos Avançados*, São Paulo, (10) 26: 129-72, jan./abr. (Organização de Bárbara Freytag.)

FREYTAG, Bárbara (1987). "Democratização, universidade, revolução". *In*: D'INCAO, Maria Angela (org.), *O saber militante: ensaios sobre Florestan Fernandes*. Rio de Janeiro: Paz e Terra, pp. 163-80.

IANNI, Octavio (1989). *Sociologia da sociologia*. São Paulo: Ática.

IMAMURA, Avelar Cezar (1995). *Florestan Fernandes: a sociologia como paixão*. Dissertação de mestrado. Departamento de História, FFLCH-USP, São Paulo.

LEBRUN, Gérard (1987). "O Brasil de Florestan Fernandes". Tradução de Renato Janine Ribeiro. *In*: D'INCAO, Maria Angela (org.), *O saber militante: ensaios sobre Florestan Fernandes*. Rio de Janeiro: Paz e Terra, pp. 263-74.

LÉVI-STRAUSS, Claude (1981). *Tristes trópicos*. Tradução de Jorge Constante Pereira. Lisboa: Edições 70.

LIMONGI, Fernando P. (1989a). "Mentores e clientelas da Universidade de São Paulo". *In*: MICELI, Sergio (org.), *História das ciências sociais no Brasil*, vol. 1. São Paulo: Vértice, pp. 111-87.

_____ (1989b). "A Escola Livre de Sociologia e Política em São Paulo". *In*: MICELI, Sergio (org.), *História das ciências sociais no Brasil*, vol. 1. São Paulo: Vértice, pp. 217-33.

MACPHERSON, C. B. (1977). *A democracia liberal: origens e evolução*. Tradução de Nathanael C. Caixeiro. Rio de Janeiro: Zahar.

MAGGIE, Yvonne (1993). "Florestan Fernandes e as categorias nativas". *Encontros com a antropologia: identidade, imigração e memória*. Curitiba: SESC/UFPR, pp. 73-83, maio.

MARTINS, José de Souza (1996). "Vida e história na sociologia de Florestan Fernandes". *Revista USP*, São Paulo, 29: 14-9, mar./abr./maio.

MASSI, Fernanda (1989). "Franceses e norte-americanos nas ciências sociais brasileiras (1930-1960)". *In*: MICELI, Sergio (org.), *História das ciências sociais no Brasil*, vol. 1. São Paulo: Vértice, pp. 410-59.

MESQUITA FILHO, Júlio de (1969). *Política e cultura*. São Paulo: Livraria Martins Editora.

MICELI, Sergio (1987). "Condicionantes do desenvolvimento das ciências sociais no Brasil (1930-1964)". *Revista Brasileira de Ciências Sociais*, São Paulo, ANPOCS, (2) 5: 5-26, out.

_____ (org.) (1989). *História das ciências sociais no Brasil*, vol. 1. São Paulo: Vértice.

_____ (org.) (1995). *História das ciências sociais no Brasil*, vol. 2. São Paulo: Sumaré.

MILL, John Stuart (1980). *Considerações sobre o governo representativo*. Tradução de Manoel Innocêncio de Lacerda Santos Jr. Brasília: Editora Universidade de Brasília.

_____ (1991). *Sobre a liberdade*. Tradução de Alberto da Rocha Barros. Petrópolis: Vozes.

NEME, Mário (org.) (1945). *Plataforma da nova geração*. Porto Alegre: Globo.

OLIVEIRA, Lucia Lippi (1995). *A sociologia do Guerreiro*. Rio de Janeiro: Editora da UFRJ.

OLIVEIRA, Roberto Cardoso de (1988). *Sobre o pensamento antropológico*. Rio de Janeiro: Tempo Brasileiro.

PAIVA, Carlos Aguedo N. (1991). *Capitalismo dependente e (contra) revolução burguesa no Brasil: um estudo sobre a obra de Florestan Fernandes*. Dissertação de mestrado. Instituto de Economia, UNICAMP, Campinas.

_____ (1997). "Florestan, o obscuro e o liberalismo monárquico". *Estudos Avançados*, São Paulo, (11) 30: 335-56, maio/ago.

PEIRANO, Marisa Gomes e Souza (1983). *A antropologia esquecida de Florestan Fernandes: os tupinambá*. Brasília: Fundação Universidade de Brasília, Série Antropologia n° 37.

_____ (1991). *The anthropology of anthropology: the Brazilian case*. Brasília: Fundação Universidade de Brasília, Série Antropologia n° 110.

PIERSON, Donald (1944). "Robert E. Park: sociólogo pesquisador". *Sociologia*, São Paulo, (6) 4: 282-94.

_____ (1946). "É ciência a sociologia?". *Sociologia*, São Paulo, (8) 2: 88-102.

_____ (1967). *Teoria e pesquisa em sociologia*. São Paulo: Melhoramentos.

PINTO, Luiz de Aguiar Costa (1947). "Sociologia e mudança social". *Sociologia*, São Paulo, (9) 4: 287-331.

PONTES, Heloísa André (1996). *Destinos mistos: o Grupo Clima no sistema cultural paulista (1940-1968)*. Tese de doutorado. Departamento de Sociologia, FFLCH-USP, São Paulo.

RUBINO, Silvana (1995). "Clubes de pesquisadores: a Sociedade de Etnologia e Folclore e a Sociedade de Sociologia". *In*: MICELI, Sergio (org.), *História das ciências sociais no Brasil*, vol. 2. São Paulo: Sumaré, pp. 479-521.

SANTOS, Wanderley Guilherme dos (1967). "A imaginação político-social brasileira". *Dados*, Rio de Janeiro, 2-3: 182-93.

_____ (1970). "Raízes da imaginação política brasileira". *Dados*, Rio de Janeiro, 7: 137-61.

_____ (1978). *Ordem burguesa e liberalismo político*. São Paulo: Duas Cidades.

SCHUMPETER, Joseph A. (1984). *Capitalismo, socialismo e democracia*. Tradução de Sergio Góes de Paula. Rio de Janeiro: Zahar.

SEVCENKO, Nicolau (1992). *Orfeu extático na metrópole: São Paulo, sociedade e cultura nos frementes anos 20*. São Paulo: Companhia das Letras.

SILVA, Franklin Leopoldo e (1999). "A experiência universitária entre dois liberalismos". *Tempo Social*, São Paulo, (11) 1: 1-47, maio.

SILVEIRA, Paulo (1987). "Um publicista revolucionário". *In*: D'INCAO, Maria Angela (org.), *O saber militante: ensaios sobre Florestan Fernandes*. Rio de Janeiro: Paz e Terra, pp. 287-91.

SOUZA, Antonio Candido de Mello e (1958). "Aspectos sociais da literatura em São Paulo". *In*: Vários autores, *Ensaios paulistas*. São Paulo: Anhambi, pp. 198-214.

_____ (1977). "Estouro e libertação". *In*: *Vários escritos*. São Paulo: Duas Cidades, pp. 33-50.

_____ (1980). "*Clima*". *In*: *Teresina etc*. Rio de Janeiro: Paz e Terra, pp. 153-71.

_____ (1985). *Literatura e sociedade*. São Paulo: Companhia Editora Nacional.

_____ (1987). *A educação pela noite e outros ensaios*. São Paulo: Ática.

_____ (1996). *Lembrando Florestan Fernandes*. São Paulo: Edição particular.

TOLEDO, Caio Navarro de (1978). *ISEB: fábrica de ideologias*. São Paulo: Ática.

WEFFORT, Francisco (1978). *O populismo na política brasileira*. Rio de Janeiro: Paz e Terra.

Florestan Fernandes na Universidade de Yale, nos Estados Unidos, onde foi professor visitante em 1977.

Anexo
CRONOLOGIA DAS PRINCIPAIS PUBLICAÇÕES DE FLORESTAN FERNANDES NOS DECÊNIOS DE 1940 E 50

Com as referências bibliográficas das reimpressões e edições posteriores, sinalizadas pelo asterisco, nas quais os títulos dos livros são identificados por siglas a partir da segunda ocorrência. Para facilitar a consulta, acrescentei, ao final, uma lista das siglas em ordem alfabética. Em toda a cronologia, reproduzi fielmente os dados das publicações e, por isso, muitas vezes uma reimpressão é denominada uma nova edição.

1942

"Folklore e grupos infantis". *Sociologia*. São Paulo, (4) 4: 396-406. [* (FMS) *Folclore e mudança social na cidade de São Paulo*. São Paulo: Anhambi, 1961.] [* 2ª edição reduzida. Petrópolis: Vozes, 1979.]

1943

"Educação e cultura infantil". *Sociologia*. São Paulo, (5) 2: 134-46. [* (FMS)]

"Congadas e batuques em Sorocaba". *Sociologia*. São Paulo, (5) 3: 242-54. [* (MSB1) *Mudanças sociais no Brasil*. São Paulo: Difusão Européia do Livro, 1960.] [* (NMB) *O negro no mundo dos brancos*. São Paulo: Difusão Européia do Livro, 1972.]

"O negro na tradição oral". *O Estado de S. Paulo*. São Paulo, 1, 15 e 22 jul. [* (MSB1)] [* (NMB)]

1944

"Aspectos mágicos do folclore paulistano". *Sociologia*. São Paulo, (6) 2: 79-100. [* (FMS)]

"Aspectos mágicos do folclore paulistano". *Sociologia*. São Paulo, (6) 3: 175-96. [* (FMS)]

"A burguesia, o progresso e o folclore". *O Estado de S. Paulo*. São Paulo, 19 ago. [* (FQ) *O folclore em questão*. São Paulo: Hucitec, 1978.] [* 2ª edição, 1989.]

"O folclore como método". *O Estado de S. Paulo*. São Paulo, 14 set. [* (FQ)]

"Mentalidades grupais e folclore". *O Estado de S. Paulo*. São Paulo, 2 nov. [* (FQ)]

1945

"Entre o romance e o folclore". *Folha da Manhã*. São Paulo, 12 jan. [* (FQ)]

"A noiva e o folclore ibérico". *O Estado de S. Paulo*. São Paulo, 26 jul. [* (FMS)]

"Silvio Romero e o folclore brasileiro". *O Estado de S. Paulo*. São Paulo, 4 ago. [* (FQ)]

"Sobre o folclore". *Filosofia, Ciências e Letras*. São Paulo, FFCL-USP, 9: 59-66. [* (FQ)]

1946

"Marx e o pensamento sociológico moderno". Introdução a MARX, Karl. *Contribuição à crítica da economia política*. Tradução de Florestan Fernandes. São Paulo: Flama. [* (ESGA) *Ensaios de sociologia geral e aplicada*. São Paulo: Livraria Pioneira Editora, 1960.] [* 2ª edição, 1971.] [* 3ª edição, 1976.]

"Mário de Andrade e o folclore brasileiro". *Revista do Arquivo Municipal*. São Paulo, (106): 135-58, jan./fev. [* *Jornal de São Paulo*, São Paulo, 19 fev. e *Correio Paulistano*, São Paulo, 24 fev., 1946.] [* (AESB) *A etnologia e a sociologia no Brasil. Ensaios sobre aspectos da formação e do desenvolvimento das ciências sociais na sociedade brasileira*. São Paulo: Anhambi, 1958.] [* (FQ)]

"Tiago Marques Aipobureu, um bororo marginal". *Revista do Arquivo Municipal*. São Paulo, (107): 7-28, mar./abr. [* *O Estado de S. Paulo*. São Paulo, 7 mai., 1949.] [* (MSB1)] [* (IEB) *A investigação etnológica no Brasil e outros ensaios*. Petrópolis: Vozes, 1975.]

"Um retrato do Brasil". *Jornal de São Paulo*. São Paulo, 5, 12 e 26 fev./5, 12, e 19 mar./2, 16, 23 e 30 abr. [* (MSB1)] [* (MSB2) *Mudanças sociais no Brasil*. 2ª edição reorganizada. São Paulo: Difusão Européia do Livro, 1974.] [* 3ª edição, 1979.]

"Lendas dos índios do Brasil". *Jornal de São Paulo*. São Paulo, 21 maio. [* (FQ)]

"Um concurso de folclore musical". *Jornal de São Paulo*. São Paulo, 4 jun. [* (FQ)]

"Fernando de Azevedo e a sociologia educacional no Brasil". *Jornal de São Paulo*. São Paulo, 3 e 10 set. [* (ESB) *Educação e sociedade no Brasil*. São Paulo: Dominus/EDUSP, 1966.]

"A mitologia heróica indígena". *Jornal de São Paulo*. São Paulo, 17 set. e 1 out. [* (FQ)]

1947

"As 'trocinhas' do Bom Retiro". *Revista do Arquivo Municipal*. São Paulo, (113): 7-124, mar./abr. [* (FMS)]

"O problema do método na investigação sociológica". *Sociologia*. São Paulo, (9) 4: 332-49. [* (ESGA)]

"Contos populares paulistas". *Revista do Arquivo Municipal*. São Paulo, (116): 110-1, out./nov./dez. [* (FQ)]

1948

"Considerações sobre os estudos sociais no Brasil". *O Estado de S. Paulo*. São Paulo, 11 abr. [* (SB) *A sociologia no Brasil*. Petrópolis: Vozes, 1977.] [* 2ª edição, 1980.]

"O estudo sociológico da economia primitiva". *Filosofia, Ciências e Letras*. São Paulo, FFCL-USP, 11: 107-17. [* (ESGA)]

"Amadeu Amaral e o folclore brasileiro". *O Estado de S. Paulo*. São Paulo, 21 e 28 nov./5, 12 e 19 dez. [* *Revista do Arquivo Municipal*. São Paulo, (143): 3-28, set./out., 1951.] [* (AESB)] [* (FQ)]

"A análise sociológica das classes sociais". *Sociologia*. São Paulo, (10) 2-3: 91-113. [* (ESGA)]

"Aspectos do povoamento de São Paulo no século XVI". *Publicações do Instituto de Administração*, São Paulo, FCEA-USP, 24. [* (MSB1)] [* (MSB2)]

1949

"A economia tupinambá: ensaio de interpretação sociológica do sistema econômico de uma sociedade tribal". *Revista do Arquivo Municipal*. São Paulo, (122): 7-77, fev.

"Sociologia e folclore". *Revista do Arquivo Municipal*. São Paulo, (122): 194-5, fev. [* (FQ)]

"A revolução constitucionalista e o estudo sociológico da guerra". *Revista do Arquivo Municipal*. São Paulo, (123): 23-35, mar. [* (MSB1)] [* (MSB2)]

"A análise funcionalista da guerra: possibilidades de aplicação à sociedade tupinambá. Ensaio de análise crítica da contribuição etnográfica dos cronistas para o estudo sociológico da guerra entre populações aborígenes do Brasil quinhentista e seiscentista". *Revista do Museu Paulista*. São Paulo, (3): 7-128 e 8 pranchas. [* (AESB)] [* (IEB)]

Organização social dos Tupinambá. São Paulo: Instituto Progresso Editorial. [* 2ª edição ampliada. São Paulo: Difusão Européia do Livro, 1963.]

"Contos populares paulistanos". *O Estado de S. Paulo*. São Paulo, 30 ago., 22 set. e 19 out. [* (FMS)]

1950

"Cantigas de ninar paulistanas". *Trópico*. São Paulo, I: 21-3 e 46.

"Aplicação dos conhecimentos sociológicos às relações internacionais". *Sociologia*. São Paulo, (12) 3: 228-46. [* (ESGA)]

1951

"O significado das ciências sociais no mundo moderno". *Filosofia, Ciências e Letras*. São Paulo, FFCL-USP, 13: 93-8. [* (ESGA)]

(e Roger Bastide) "O preconceito racial em São Paulo (Projeto de estudo)". *Publicações do Instituto de Administração*. São Paulo, FCEA-USP, 118. [* (BNSP) *Brancos e negros em São Paulo*. 2ª edição reorganizada. São Paulo: Companhia Editora Nacional, 1959.] [* (SERS) *A sociologia numa era de revolução social*. São Paulo: Companhia Editora Nacional, 1962.] [* 2ª edição revista e ampliada. Rio de Janeiro: Zahar, 1976.]

"Contribuição para o estudo de um líder carismático". *Revista do Arquivo Municipal*. São Paulo, (138): 19-34, jan./fev./mar. [* (MSB1)] [* (NMB)]

1952

"A função social da guerra na sociedade Tupinambá". *Revista do Museu Paulista*. São Paulo, (6): 7-425. [* Edição parcial. La guerre et le sacrifice humain chez les Tupinamba. *Journal de la Société des Américanistes*. Paris, (41): 139-220, 1952.] [* *A função social da guerra na sociedade Tupinambá*. 2ª edição. São Paulo: Pioneira/EDUSP, 1970.]

"Contribuição para o estudo sociológico das adivinhas paulistanas". *Revista de História*. São Paulo, (4) 9: 107-64, jan./fev./mar. [* (FMS)]

1953

Ensaio sobre o método de interpretação funcionalista na sociologia. São Paulo, FFCL-USP, Boletim nº 170, Sociologia nº 4. [* (FEES) *Fundamentos empíricos da explicação sociológica*. São Paulo: Companhia Editora Nacional, 1959.]

(e Roger Bastide) "Relações raciais entre negros e brancos em São Paulo". *Anhembi*. São Paulo, (10) 30: 433-90, maio. [* (RRNB) *Relações raciais entre negros e brancos em São Paulo*. São Paulo: UNESCO/Anhembi, 1955.] [* (BNSP)]

"Cor e estrutura social em mudança". *Anhembi*. São Paulo, (11) 31: 14-69, jun. [* (RRNB)] [* (BNSP)]

1954

"A sombra da idade de ouro". *Diários Associados*. São Paulo, 15 jul. [* (MSB1)] [* (MSB2)]

Apontamentos sobre os problemas da indução na sociologia. São Paulo, FFCL-USP. [* (FEES)]

"Existe uma 'crise da democracia' no Brasil?". *Anhembi*. São Paulo, (16) 48: 450-71, nov. [* (MSB1)] [* (MSB2)]

"Lévy-Bruhl e o espírito científico". *Revista de Antropologia*. São Paulo, (2) 2: 121-42, dez. [* (ESGA)]

1955

"O ensino da sociologia na escola secundária brasileira". *Anais do I Congresso Brasileiro de Sociologia*. São Paulo, Sociedade Brasileira de Sociologia, pp. 89-106. [* (AESB)] [* (SB)]

(e Roger Bastide, orgs.) (RRNB) *Relações raciais entre negros e brancos em São Paulo*. São Paulo: UNESCO/Anhembi. [* (BNSP)]

1956

(e Ramzia Gattás) "A história de vida na investigação sociológica: a seleção dos sujeitos e suas implicações". *Sociologia*. São Paulo, (18) 2: 123-40. [* (ESGA)]

"Dois livros de Karnsten. 'Os caçadores de cabeças'". *Anhembi*. São Paulo, (22) 64: 114-5, mar. [* (FQ)]

"A sociologia no Brasil". *Anhembi*. São Paulo, (22) 65: 342-44, abr.

"Anais do XXXI Congresso Internacional de Americanistas". *Anhembi*. São Paulo, (22) 66: 588-90, maio.

"Ciência e sociedade na evolução social do Brasil". *Revista Brasiliense*. São Paulo, 6: 46-58, jul./ago. [* (AESB)] [* (SB)]

"Psicanálise e sociologia". *Revista de Antropologia*. São Paulo, (4) 2: 129-42, dez. [* (ESGA)]

"As publicações póstumas de Karl Mannheim". *O Estado de S. Paulo*. São Paulo, 8 dez. Suplemento literário n° 9. [* (ESGA)]

"Die sozialgeschichtliche Entwicklung der Soziologie in Brasilien". *Sociologus*. Berlin, (6) 2: 110-5. [* Edição ampliada. "Desenvolvimento histórico-social da sociologia no Brasil". *Anhembi*. São Paulo, (25) 75: 470-81, fev. e (26) 76: 57-69, mar., 1957.] [* (AESB)] [* (SB)]

1956 e 1957

"Os estudos folclóricos em São Paulo". *O Estado de S. Paulo*. São Paulo, nov./dez., 1956 e jan., 1957. [* (AESB)] [* (FQ)]

"Tendências teóricas da moderna investigação etnológica no Brasil". *Anhembi*. São Paulo, (24) 72: 460-79, nov. (25) 73: 18-43, dez., 1956 e (25) 74: 262-83, jan., 1957. [* (AESB)] [* (IEB)]

1957

"Livros de folclore". *Anhembi*. São Paulo, (25) 74: 349-52, jan. [* (FQ)]

"A inteligência do folclore". *O Estado de S. Paulo*. São Paulo, 9 out. Suplemento literário nº 53. [* (FQ)]

Sociologia. São Paulo, FFCL-USP. [* (ESGA)]

"A reconstrução da realidade nas ciências sociais". (Colóquio Metodologia das ciências sociais. Lisboa, jan. 1957.) *Anhembi*. São Paulo, (28) 82: 36-52, set. e (28) 83: 269-86, out. [* (FEES)]

"As ciências sociais em São Paulo". *Jornal do Comércio*. Rio de Janeiro, 10 nov. [* (SERS)] [* (SB)]

1958

"Liberdade de pensamento e ensino universitário". *O Estado de S. Paulo*. São Paulo, 15 jan. [* (ESB)]

"Objeto e campo do folclore". *O Estado de S. Paulo*. São Paulo, 29 mar. Suplemento literário nº 75. [* (FQ)]

"Os professores estrangeiros". *O Estado de S. Paulo*. São Paulo, 14 jun. Suplemento literário nº 85. [* (ESB)]

"Pesquisa e ensino superior". *O Estado de S. Paulo*. São Paulo, 21 out. Suplemento literário nº 104. [* (ESB)]

"Herança intelectual da sociologia". *Anhembi*, São Paulo, (29) 87: 452-64, fev. [* (ESGA)]

"O padrão de trabalho científico dos sociólogos brasileiros". *Estudos Sociais e Políticos 3*. Edições da Revista Brasileira de Estudos Políticos. Belo Horizonte, Universidade de Minas Gerais. [* (AESB)] [* (SB)]

"A sociologia aplicada como disciplina autônoma". *Sociologia*. São Paulo, (20) 1: 27-61. [* (ESGA)]

"Contribuição ao estudo sociológico das cantigas de ninar". *Revista Brasiliense*. São Paulo, 16: 50-76, mar./abr. [* (FMS)]

(AESB) *A etnologia e a sociologia no Brasil. Ensaios sobre aspectos da formação e do desenvolvimento das ciências sociais na sociedade brasileira*. São Paulo: Anhambi. [* Parte I: parte II de (IEB).] [* Parte II: parte I de (SB).] [* Parte III: parte II de (FQ).]

1959

(FEES) *Fundamentos empíricos da explicação sociológica*. São Paulo: Companhia Editora Nacional. [* 2ª edição. São Paulo: Companhia Editora Nacional, 1967.] [* 3ª edição. Rio de Janeiro: Livros Técnicos e Científicos, 1978.] [* 4ª edição. São Paulo: T.A. Queiroz, 1980.]

"O destino das universidades". *O Estado de S. Paulo*. São Paulo, 3 jan. Suplemento literário nº 114. [* (ESB)]

"Ensino e pesquisa da sociologia em São Paulo". *O Estado de S. Paulo*. São Paulo, 15 nov. [* (SERS)] [* (SB)]

"FFCL da USP: aspectos estruturais de uma crise de crescimento". *Relatório sobre as necessidades urgentes da FFCL da USP*. São Paulo, FFCL-USP. [* (ESB)]

(e Roger Bastide, orgs.) (BNSP) *Brancos e negros em São Paulo*. 2ª edição reorganizada. São Paulo: Companhia Editora Nacional. [* 3ª edição, 1971.]

"Campo e problema da sociologia aplicada". *Sociologia*. São Paulo, (21) 3: 274-97. [* (ESGA)]

"O homem e a cidade metrópole". *Diário de São Paulo*. São Paulo, 30 abr. [* (MSB1)] [* (MSB2)]

"Folclore e ciências sociais". *Revista Brasiliense*. São Paulo, 24: 133-51, jul./ago. [* (FQ)]

"Os escritores e a escola pública". *O Estado de S. Paulo*. São Paulo, 21 nov. Suplemento literário nº 158 e 5 dez. Suplemento literário nº 160. [* (ESB)]

"Armas e técnicas rústicas de briga". *O Estado de S. Paulo*. São Paulo, 12 dez. Suplemento literário nº 161. [* (FQ)]

"O folclore de uma cidade em mudança". *Anhembi*. São Paulo, (36) 106: 16-30, set., (36) 107: 267-82, out., (36) 108: 489-505, nov., (37) 109: 62-89, dez. [* (FMS)]

1959 e 1960

"O cientista brasileiro e o desenvolvimento da ciência". *O Estado de S. Paulo*. São Paulo, nº 162, 1959 e nº 182, 186, 188, 190 e 193, 1960. [* *Revista Brasiliense*. São Paulo, 31: 85-121, set./out., 1960.] [* (SERS)]

SIGLAS DOS LIVROS

(AESB) *A etnologia e a sociologia no Brasil. Ensaios sobre aspectos da formação e do desenvolvimento das ciências sociais na sociedade brasileira.* São Paulo: Anhambi, 1958.

(BNSP) (e Roger Bastide, orgs.) *Brancos e negros em São Paulo.* 2ª edição reorganizada. São Paulo: Companhia Editora Nacional, 1959. 3ª edição, 1971.

(ESB) *Educação e sociedade no Brasil.* São Paulo: Dominus/EDUSP, 1966.

(ESGA) *Ensaios de sociologia geral e aplicada.* São Paulo: Livraria Pioneira Editora, 1960. 2ª edição, 1971. 3ª edição, 1976.

(FEES) *Fundamentos empíricos da explicação sociológica.* São Paulo: Companhia Editora Nacional, 1959. 2ª edição. São Paulo: Companhia Editora Nacional, 1967. 3ª edição. Rio de Janeiro: Livros Técnicos e Científicos, 1978. 4ª edição. São Paulo: T.A. Queiroz, 1980.

(FMS) *Folclore e mudança social na cidade de São Paulo.* São Paulo: Anhambi, 1961. 2ª edição reduzida. Petrópolis: Vozes, 1979.

(FQ) *O folclore em questão.* São Paulo: Hucitec, 1978. 2ª edição, 1989.

(IEB) *A investigação etnológica no Brasil e outros ensaios.* Petrópolis: Vozes, 1975.

(MSB1) *Mudanças sociais no Brasil.* São Paulo: Difusão Européia do Livro, 1960.

(MSB2) *Mudanças sociais no Brasil.* 2ª edição reorganizada. São Paulo: Difusão Européia do Livro, 1974. 3ª edição, 1979.

(NMB) *O negro no mundo dos brancos.* São Paulo: Difusão Européia do Livro, 1972.

(RRNB) (e Roger Bastide, orgs.) *Relações raciais entre negros e brancos em São Paulo.* São Paulo: UNESCO/Anhembi, 1955.

(SB) *A sociologia no Brasil.* Petrópolis: Vozes, 1977. 2ª edição, 1980.

(SERS) *A sociologia numa era de revolução social.* São Paulo: Companhia Editora Nacional, 1962. 2ª edição revista e ampliada. Rio de Janeiro: Zahar, 1976.

Este livro foi composto em Sabon pela Bracher & Malta, com fotolitos do Bureau 34 e impresso pela Bartira Gráfica e Editora em papel Pólen Soft 80 g/m² da Cia. Suzano de Papel e Celulose para a Editora 34, em abril de 2002.